解码自主学习力

智能时代让孩子受益终身的能力

李峥嵘——著

Decoding Children's Autonomous Learning in the Intelligent Era

中国工人出版社

推荐序

自主学习力：教育培养的关键能力

吴欣歆（北京师范大学文学院研究员，中国教育学会中学语文教学专业委员会副秘书长）

李峥嵘是我的老师白滇生的得意门生，20 年前就听老师反复说起她，善思善写，工作效率高。我多年来始终关注她负责的《北京晚报》阅读周刊、成长周刊的版面，喜欢她的态度，用力但不过猛；喜欢她行文的方式，逻辑清晰，温度适宜；喜欢她编发和撰写的文章，优雅有格调。

阅读《解码自主学习力：智能时代让孩子受益终身的能力》，兴奋而愉悦。李峥嵘对智能时代自主学习力的理解深入，有着丰富的实践经验。如何为人工智能时代的学习做好升级准备，需要培养什么样的学习能力，是儿童与成人共同面对的问题。针对这一问题，她提出了解决的路径与策略。

首先是向大师学习思维方式，实现认知升级。认知水平是人借助信息，对事物的本质、与其他事物的关系、发展动力、发展方向以及基本规律的把握能力。峥嵘选择能够代表认知水平发展的关键能力，描述很多学科的典型思维方式，帮助读者明确应对智能时代的复杂情境，我们需要哪些认知方式，怎样才能获得并稳步提升。根据我个人的理解，阅读力是学习力发展的基础，知识迁移、冗余思维、发散思维、可视化思维是具体的思维方式，保有好奇心、提升观察力是思维发展的持续动力，艾宾浩斯遗忘曲线是科学发现提高学习效率的经典理论。第一篇是社会学、心理学、教育学的跨学科整合，她在前言中说“这是我综合了无数研究者的研究成果，也是我自己的实践体会”，此言不虚。

其次是了解我们的身体与心理，侧重教育现象的辨析与根本问题的厘定。懂得身体运行的基本规律，认识到身体状况对学习心理与行为的影响，才能根据规律调整身心状态，取得更理想的学习效果。峥嵘选择社会关注的热点问题，从生物学、心理学的角度探索学习的基本原理。我认为第二篇的关键词是“整理”，整理身体、时间、空间、心理。“整理”体现了评价即学习的理念，对照现象先看看自己做得对不对，在对照反思的过程中认识自身的优长与问题，参考案例找到调整的方向。在现象中探求本质，立足根本问题探索解决方案，这些解决方案的可操作性强，确实能为读者提供真实的帮助。

最后是对综合素质的关注，强调未来社会需要广泛的素养领域。“素养”是个体在特定情境下，能够成功地满足情境的复杂要求与挑战，顺利执行生活、学习任务的内在先决条件，适应未来社会发展要求的生存能力和竞争实力。学校教育需要制定核心素养，析出通过教育干预能够产生影响的素养要素；家庭教育的全人教育特点更加突出，涉及与未来发展相关的各个方面。综合素质的学习技能可列举，但不可穷尽，峥嵘用类似典型抽样的方式，选择了当前家庭教育相对集中的问题，针对具体的问题采用多样化的讨论方式，梳理相关理论、匹配科学方法，能给孩子和家长带来很多启迪。

读完全书，我被峥嵘的社会责任感打动了。2016 年教育部发布了《中国学生发展核心素养》，包括文化基础、自主发展、社会参与三个维度。探索智能时代的自主学习力，峥嵘具备坚实的文化基础，她边写作、边作讲座的探索可视为自主发展的过程，更为重要的是她深度参与社会生活，洞悉教育生活中的真实问题，产生了解决这些问题的责任心和使命感。于是社会参与提升了她自主发展的动力，让她形成更为坚实稳固的文化基础。峥嵘在后记中说“无论多不容易，一定不要放弃。我们永远可以在最难的时候想出办法，总可以在现有的条件下作出最大的努力。”这本书是她的态度，也是她努力的成果。

与李峥嵘用文字对话很多年，期待更多的读者参与对话，期待这本书能够帮助更多的儿童、成人，帮助更多的家庭。

是为序。

前言

你需要培养什么样的学习能力

未来已经来临。

这是一个让人心潮澎湃的时代，也是一个让人焦虑不安的时代。

我们的孩子究竟需要什么样的学习能力才能应对前所未有的挑战？孩子们从来没有像今天这样需要多种多样的自主学习能力。

人工智能技术的广泛应用推动了学习的变化，包括消除时间和空间的制约，让学习者在时间和空间上有更多的自由。新的技术将为学习赋能，打破校内和校外的壁垒，突破整齐划一的教学模式，带来全新的学习变革。

人工智能技术在给学习带来变化的同时，也带来了一些新的问题。

一是从信息匮乏时代到信息过载时代，如何将浅阅读和深度理解结合起来。当人们使用移动终端进行阅读时，阅读的停留时间越来越短，如果一篇文章的页面打开时间超过 5 秒，阅读者可能就会跳转到下一篇文章。目前大量的屏幕阅读是信息碎片化的阅读方式，如何建立系统化的学习模式，内化为知识结构，这是一个很大的挑战。

二是如何运用技术提升自己，而不是被技术所绑架。比如你躺在床上刷手机里面的视频和文章，不知不觉一两个小时过去了，但你并没有吸收到有价值的内容，无法对碎片化的数据和信息进行提取，并将之融入自己的知识结构里。

三是数字化阅读很容易从一个链接跳转到不相干的链接，如何专注于一个主题来学习，有意识地控制自己进行有效的学习，也是一件不容易的事情。

在智能时代，我们随时随地可以利用碎片时间来学习，但这种方式也对有效学习、深入学习提出了挑战。

那么，学习者需要掌握哪些知识和技能呢？对于这个问题，学者们有不同的观点，也有很多共同之处。比如 2015 年世界经济论坛发布《教育新愿景：释放技术潜能报告》，将 21 世纪所需要的技能分为三类：一是基础素养，包括传统读写素养、数学素养、科学素养、信息通信技术素养、金融素养、文化素养和公民素养；二是能力素养，包括批判性思维、解决问题的能力、创造力以及沟通和协作；三是性格特征，包括好奇心、积极性、毅力、适应性、领导力。

所有的专家都认同，人类胜过人工智能的地方，也就是我们要注重发展的地方，比如元认知智能是对知识的认识，涉及学习识别什么是真实有效的证据，以及如何根据证据作出判断，从而构建我们的知识体系。

在处理数据问题上，人工智能可以不费吹灰之力击败人类，但是谈到辩论、给出理由解释的时候，人类却能够把人工智能打得一败涂地。2018 年在伦敦举行的人工智能大会上，演讲人举了一个例子，清晰地阐明了人工智能与人类智能之间的区别。演讲人讲了这样一句话："妈妈，丹尼在学校打了我，所以我也打了他，但是老师只看到了我打他，所以老师惩罚了我。这不公平。"这句小孩子都能听懂的话，人工智能却无法理解。

智能时代的学习不是让人类被人工智能取代，而是利用技术更好地回归到以学习者为中心上来。我们如何为人工智能时代的学习做好升级准备?

比如知识是教育的核心要素，但不是智能的全部，而且知识恰好最容易被人工智能完成自动化，所以需要改变我们和知识的关系。人类不仅要记忆知识，而且要学会提问，培养勇于质疑的能力，通过社会互动和批判性分析构建自己对世界的理解。

人类的智能不仅包括对世界的认知，还包括自我认知，理解和识别自己和他人的情绪，并能够根据情境调整情绪，不断发展自我效能感，成为一个终身学习者。

谁会成为时代的弄潮儿？谁又会被汹涌的波浪吞没？

新一代的学习者，必须适应互联网+数字化的生存模式。国际 AI 教育学会会长罗斯玛丽·卢金认为："人工智能对人类的最大启发就是人工智能每时每刻都在不断学习，永不厌倦，这就意味着它们总是在不断改进，所以教育体系正确的路径和方向就是让人类比人工智能更善于学习，只有不断学习才能铸就成功和智能的基石。如果我们善于学习，世界就将任我们驰骋，人类也将不断取得进步。"

现实和未来的发展都意味着需要学习者提高自主学习力。这种学习能力不只是学习技巧的提升，更是思维方式的改变。过去熟悉的路径已经改变，很多家长无所适从。在此，我想对焦虑的父母说四句话：

没有比家里的书房更好的学区房；

没有比身体力行的父母更好的老师；

没有比自主学习更好的学习方法；

没有比终身学习更成功的人。

学习不只是针对孩子而言，成人也需要学习。今天是一个终身学习的时代，我们不仅要掌握学习技巧，更要了解学习机制的运行之道，借助心理学、教育学、脑科学的研究成果来深入认识自己，对自己的情绪、思想保持觉察，进化自己的学习力。

在本书中，我将心理学、教育学的理论和具体案例相结合，致力启发小朋友和大朋友提高学习能力。这是我综合了无数研究者的研究成果，也是我自己的实践体会，实践的对象包括我的孩子、朋友的孩子，甚至是我自己，还有无数听过我的课的孩子们。这本书会用很多生动的故事，结合现实生活，深入浅出地介绍提高学习能力的研究成果，让你体会到学习的妙趣、发现自己的优势、掌握学习的技巧、无畏环境的变化，成为自己学习的主人。

一个方法，一篇文章，一本书，可能无法解决所有的问题，但是了解多一点，就会多一些和问题同在的勇气，也多一些化解问题的智慧。

无论科技如何发展，斗转星移，社会变迁，教育的本质依然是人的教育。未来可能很多的工作会被人工智能替代，但最后剩下的东西恰好是“人之为人”最特殊、最重要的东西，那就是创造力、想象力以及人的自我意识、理性、情感等。

愿每一个人都能认识和接纳自己的特点，了解学习的规律，培养终身学习的观念和习惯，并持之以恒，最终我们都会发现自己的独特之处，找到自己在社会中的立身之本。

目　录
Contents

第一篇　大师的 8 个高效学习技能

理解生命：向诗词大师学习阅读　003

融会贯通：向前沿科学家学习知识迁移　011

腾飞引擎：向航天科学家学习冗余思维　018

灵光乍现：向诺奖得主学习发散思维　023

科学魔术：向推理大师学习观察能力　029

鼓励提问：向生物学家学习好奇心　038

中断的力量：向心理学家学习复习方法　044

通感与灵动：向创新大师学习可视化思维　049

第二篇　身心成长的学习技能

基因能够决定学习能力吗　057
肠道是学习的“第二大脑”吗　061
视错觉：眼见未必为实　067
大脑像肌肉，需要运动　072
聪明孩子要睡够　076
拉住孩子的手：识别求助信号　081
温度、噪声、色彩变化对孩子成长有影响吗　086
空间整理：让学习效率更高　093
手机是手雷，还是学习助手　099
深度的玩耍、适当的偷懒　105

心理健康：不容忽视的力量 111
助人为什么会快乐 116
阅读障碍的不懂与懂 120

第三篇　综合素质的学习技能

写作力：故乡和阅历的积淀 127
记忆力：脑科学方法提取编码 131
判断力：ChatGPT 的真与假 135
批判力：从“鸭兵灭蝗”说起 139
刻意练习：有效进步的法宝 144

逆商：让孩子学会情绪管理 149
开放式大脑：助你学习自觉又主动 155
口头表达能力：自如地输入输出 161
幸福思维：全身心的体验 167
“双减”政策下如何选择兴趣班 172
艺术思维的无用与有用 177
家长和孩子都需要自控力 182
如何激发孩子的内在动机 188
智能电子时代有必要学书法吗 193

后　记 198

第一篇

大师的 8 个
高效学习技能

理解生命：向诗词大师学习阅读

近年来，包括《中国诗词大会》在内的诸多诗词节目深受大众欢迎，我也带着孩子收看了各种诗词节目。我们一起重温历久弥新的诗句，感受中华诗词的韵律，拥抱伟大的语言艺术，遇见生命里最美的瞬间。

孩子曾问我："现代人为什么要读古诗？"

我当时笑着反问他："你觉得古诗好吗？你喜欢吗？"

他说："有的我觉得好，喜欢。"

我说："喜欢美好，这个理由还不够吗？"

当然，这种回答只是随口一说。我大学本科学的是中文专业，古诗词是必须学习的功课，从未想过现代人为什么要读古诗，尤其是非中文专业的人为什么要读呢？

思考良久，我觉得学习古典诗词至少有四个方面的好处：学习高超精妙的语言艺术，了解深邃悠远的传统文化，熏陶独具韵味的东方美学，接触超越时空的生命体验。

古诗词是汉语精练的高超艺术，是音、形、意的完美统一，是千百年来一代代诗人反复锤炼的文字和思想的精粹。有“肝肺皆冰雪”的胸怀，有“一蓑烟雨任平生”的豁达，有“山不让尘、川不辞盈”的包容，有“少年心事当拏云”的志向……这些都是珍贵的文化遗产，有助于我们了解中华文化的美学理念，领悟其中蕴含的人文精神，深化对自身民族源远流长的文化血脉的认同，增强文化自信心。

很多家长赞成孩子学习古诗词，认为有助于提高作文写作水平，这种实用主义观点实际上缩小了诗歌的意义，也限制了孩子的思维发展。茅盾文学奖得主、作家张炜说：“有人常把诗当成华而不实的文辞彩头，实际上是不懂诗为何物。诗是对一切事物的最细微、最极致的理解和把握，是远超周密的全息性概括，是一场大表达和大实践。”

诗歌绝不只是寻章摘句的文字游戏。比如，王安石的“春风又绿江南岸”是著名的文字锤炼故事，人们赞赏一个“绿”字概括了春天的美好，但其实这个字凝缩了王安石疲于仕途沉浮、渴望回乡的强烈情感。蒋勋在解析“孤篇横绝全唐”的

《春江花月夜》时，没有单单分析张若虚在遣词造句方面的才气，而是强调唐朝诗人精神层面的辽阔，是“将个人意识提高到宇宙意识”的典范。通过现代人的自我独立性，去欣赏另外一个群体独立的生命状态。

中国古典诗歌传递了独有的东方美学。比如中国人看月亮，绝不是普通的星球，而是李白的“明月出天山，苍茫云海间”，是苏轼的“明月几时有？把酒问青天”。特别是在中秋之夜看到月亮时，海内外的中华儿女都会涌起“天涯共此时”的情怀。再比如中国人看柳树，也不是普通的植物。在北京冬奥会闭幕式上，有一个追忆逝者的环节，主办方巧妙地用灯光营造了折柳送别的动人情景——“昔我往矣，杨柳依依。今我来思，雨雪霏霏。”古代人写出了经典流传的《诗经》，而现代人借助古诗词句营造出属于中国古典美学的意象。

学习古典诗词不只是学好词佳句，更是领悟其中蕴含的思想情感。中国第一位女性建筑学家林徽因在战乱的时候，避居后方，在病榻上给女儿讲杜甫的诗《北征》，讲到“恸哭松声回，悲泉共幽咽”，这充满真挚情感的诗句不因时光的流逝而褪色。杜甫的“剑外忽传收蓟北”“漫卷诗书喜欲狂”也是当时林徽因全家最喜爱的诗句，寄托了对抗战胜利的期待、对和平的向往。

懵懂少年诵读诗歌，可以感受音韵之美、文辞之美。他们成年后，经历世事沧桑，在某一个时刻，会突然好像和千百年前的古人打通了时空隧道，领悟到超越时间和个人的生命体验。如同“此情可待成追忆，只是当时已惘然”。在这方面，王国维用古诗词概括人生的三重境界最为典型——古今之成大事业、大学问者，必经过三种之境界：“昨夜西风凋碧树。独上高楼，望尽天涯路。”此第一境也；“衣带渐宽终不悔，为伊消得人憔悴。”此第二境也；“众里寻他千百度，蓦然回首，那人却在，灯火阑珊处。”此第三境也。——这几句原本是写情爱的诗句，王国维却从中悟出了和做学问、做事业相通的生命体验，先是孤独求索、坚忍不拔，而后豁然开朗。

艺术家丰子恺给他的孩子讲述古诗词的方式很特别，一边讲诗词一边画示意图。从《古诗十九首》的“行行重行行”到《滕王阁序》的“落霞与孤鹜齐飞，秋水共长天一色”，他一边讲一边画。当讲到《长恨歌》的“六军不发无奈何，宛转蛾眉马前死”时，他就画一个女子跪在地上，周围是拿着武器的武士。他也会讲诗词的译文意思，比如读到辛弃疾的“易水萧萧西风冷，满座衣冠似雪”时就讨论荆轲刺秦王、燕太子丹和高渐离在易水送别壮士的故事。讲到苏曼殊的“春雨楼头尺八箫，何时归看浙江潮”时就立刻带全家去看钱塘江；读完姜夔的“二十四桥仍在，波心荡、冷月无声”，就去扬州寻梦。他是用现代人的生活重新观照古代人的诗词名句，帮助孩子建立起对生活的态度。他的外孙宋菲君长大之后成为一名科学工作者，他说：“这些诗文古句都成为我精神世界、情感世界的一部分。”

我当老师的时候，也曾学习这些大家的做法，常常带孩子们出去感受大自然。当时我们的学校就在天坛公园对面，有一次正是“绝胜烟柳满皇都”的季节，窗外鸟鸣婉转，有一个调皮的学生大胆地提议：“老师，我们去天坛公园看鸟吧。”我把书本一放，说：“好啊。下节课打上课铃前回来，明天每人交一篇 800 字作文。”同学们发出痛苦的叫声，但还是飞快地跑出了教室。

我特别想说说叶嘉莹的故事。

毕生致力传播古典诗词的学者叶嘉莹，经历过时代和生活的磨难，包括少年丧母、历经战乱、长期忍受家暴、中年丧女等。她说：“诗词的研读并不是我追求的目标，而是支持我走过忧患的一种力量。”古典诗词并非她谋生的工具，而是她治愈心灵的良药。正是对古典诗词有着这样的执着，她才把一生的心血投入文化传承中。她关于诗歌学习的方法也值得研究。

叶嘉莹回忆说，自己还不识字的时候就跟着大人背诗，因为家里的人都读诗，男人大声地诵读，而女人低声地吟哦。正式拿着《唐诗三百首》当课文读书时，伯母也不讲解，就让她从第一首诗开始背。她认为这种传统的教学方法是有道理的，“小孩子记忆力强，即使他不能理解内容，只要先背下来，等将来理解力提高以后，这些早年记忆的内容就会被调动出来，如同智慧库，为孩子一生提供不尽的资源”。叶嘉莹凭她的艺术直觉认为“声音是诗歌生命的一部分”，而脑科学研究也证明了一个人能在后来的生活体验中调动早年记忆的内容。

神经科学研究告诉我们，记忆可以简单分成短期记忆和长期记忆，短期记忆可以维持一两分钟，长期记忆有可能相伴终生。短期记忆虽然维持时间不长，但是很重要，因为要负责对实时信息做有意识的操作，也就是说要负责处理我们当前正在想的事情，因此神经科学家会把短期记忆再加一点额外的处理称为“工作记忆”。而长期记忆是丰富的数据，辅助我们思考。如何把短期记忆的信息变成长期记忆？有很多办法，比如背诵。长期记忆是基于神经元之间的新的连接，而重复想要记住的东西能够刺激突触的形成——突触正是建立连接的基础。背诵，实际上就是通过复述信息的方式，让短期记忆有足够长的时间活跃，刺激突触的形成，神经元之间建立新的连接，把短期记忆的信息进行编码转为长期记忆。

科学研究发现，我们的每一段记忆几乎都会以某种方式储存在长期记忆中，但是为什么很多人说自己记忆力不好？其实并不是你没有记住，而是你无法提取记忆。什么样的记忆容易提取？那就是醒目的、有意义的、强烈的记忆。比如带有强烈情绪的记忆，就很容易回忆起来，随着回忆起来的还有当时的情绪、感受、想法，所有这些都会在你的大脑里和特定记忆之间产生关联。所谓的学习巩固的过程，就是为你的记忆附加重大的意义，添加更多的连接，让大脑更容易提取，而如果没有连接的孤零零的记忆就无法得到巩固，也难以提取。

传统的诗歌学习方式是不讲解的，讲究的是“读书百遍，其义自见”“熟读唐诗三百首，不会作诗也会吟”，通过反复地背诵形成一种语言的感受力。传统的吟诵不是没有道理。因为诗歌有一种音韵之美，反复诵读自然能感受到，可是如果不讲解，有些词句对低龄孩子来说难以理解。现代教育学也证明只有理解了的东西，才能记得牢固。

叶嘉莹强调在诗歌学习中放入自己的生命感受。比如，她讲诗时结合着自己的生命经历，她认为：“诗词的好坏，永远以它的感发的生命的厚薄、大小、深浅为评量的层次。”她也常常对学生说要有一颗关怀的心，对人、事、物以及对大自然的关怀。叶嘉莹小时候背诵李商隐的诗《嫦娥》，并没有什么深刻的理解。直到她到中学教书时，课本里选了一篇《资治通鉴》里的文章《淝水之战》，里面写前秦与东晋交战，东晋胜利了，获得了一辆苻坚的云母车。下课后叶嘉莹搭乘公共汽车回家，在等车时，想到刚刚讲的云母车，忽然间李商隐的《嫦娥》诗句从脑子里跑了出来："云母屏风烛影深，长河渐落晓星沉。嫦娥应悔偷灵药，碧海青天夜夜心。"她回忆说："这时距离小时候念这首诗已经好几十年了，当年纪小时我只是从表面知道嫦娥的故事和屏风、烛影这些具体的物象，可这时我对这首诗就忽然有了另一种体会。因为我已经过了患难，才真正懂得了李商隐这种孤独、寂寞、悲哀的感觉。诗里这些丰富的内涵，孩子是无法理解的，就是要把小孩记忆力强的时期利用上，让他背诵下来，只要他记住了，随着年龄的增长，随时都会有所体会，随时都会有所升华。"

从声音到文字，从耳朵到眼睛，从机械记忆到理解记忆，从字面理解到心灵触动，让一个人一生都不会忘记的诗歌学习，其实是和生命感受深刻连接的。

融会贯通：
向前沿科学家学习知识迁移

什么叫知识迁移？知识迁移，就是一种学习对另外一种学习的影响，可以是同一领域——掌握了某一方面的知识或者规律，可以推知同类事物的知识或者规律；也可以是跨领域的学习，把已知环境中认知和学习到的信息应用到新的学习任务上。

古人早就注意到知识迁移的现象，比如，由《周易》演化而来的"触类旁通"，由《论语》演化而来的"举一反三"，朱熹提出的"融会贯通"。现代社会的快速发展，使需要学习的内容越来越多，也更需要提高知识迁移的能力。

诺贝尔物理学奖得主罗杰·彭罗斯之所以成功，是因为他作为数学家，拥有在这个领域中其他人都没有的"独门绝技"——拓扑学。当时物理学家的数学训练中还没有拓扑学。时空弯曲是几何问题，时空的终止却是拓扑问题。而具体的技术是彭罗斯在研究稳恒态宇宙学时发展的，当时没有用上，因为稳恒态宇宙学与广义相对论不相容。从彭罗斯的开创性理论工作开始，彭罗斯、霍金以及其他物理学家都将拓扑与几何结合起来用到引力理论中。

理查德·泰勒是经济学博士，他年轻时就喜欢收集经济学反常现象。这些现象往往来自身边的朋友。有一次他邀请同事参加晚宴，晚宴开胃菜是腰果，每个客人都很喜欢吃，但当他把这道菜撤回厨房时，客人们却为这一决定叫好。明明喜欢吃，为什么又不要吃了呢？为什么会有这样矛盾的现象呢？泰勒将心理学引入对晚宴腰果的分析，得出结论：人是由两种心理控制，一种希望获得立即满足，另一种理智地权衡现在与未来。换句话来说，虽然腰果很好吃，大家都忍不住要吃，但是还得留着肚子吃正餐。如果自己控制不住想吃，主人把腰果拿走就解决了这个问题。同理，经济行为不完全是纯理性的行为，而受到心理因素的影响。理查德·泰勒把心理学知识迁移到经济学领域而开创了行为经济学，并因此获得 2017 年诺贝尔经济学奖。

2020 年 11 月 10 日，中国载人潜水器“奋斗者”号，在西太平洋马里亚纳海沟成功下潜突破 1 万米，达到 10909 米，再创中国载人深潜的新纪录。用“奋斗者”号副总设计师胡震的话来说，“我们挑战的是全球最深处。特别是狭窄的球形载人舱能够载三人下潜到万米深，这在国际上都是非常了不起的”。“奋斗者”号的研制成功标志着我国在大深度载人深潜领域已经达到世界领先水平。潜水器是众多尖端技术的迁移结晶。比如怎么解决压力问题？在万米深海下，水压相当于 2000 头非洲象踩在一个人的背上。在这种极端压力条件下，以往深潜器使用的材料已经不能满足要求，需要找到一种高强度、高韧性、可焊接的钛合金。中国科研团队历时数年，自主发明了特殊钛合金材料，又通过攻克高强度、高韧性钛合金焊接技术，成功解决了载人舱球壳的建造难题。“奋斗者”号的研制背后是全国近 100 家单位的协同，形成了深海科技创新体系。

知识迁移有正迁移和负迁移。一种学习对另外一种学习起促进作用，就叫正迁移，比如学好数学有助于物理课程的学习。再比如我们常说“读书破万卷，下笔如有神”，意味着大量的阅读能够促进写作能力的提高，这就是阅读能力对写作能力的迁移。

我当语文老师的时候教的是理科班，数学课代表窦庚欣跟我讲：“李老师，我最讨厌写作文，我的作文分数从来没有及格过。”

我问：“那你喜欢数学吗？”

他说："喜欢，我一做数学题就可以废寝忘食。"

我说："那很好啊，说明你在数理逻辑方面非常有优势，那么你的学习能力肯定没有问题，相信你！"

这个孩子为什么讨厌写作文呢？那必然是在过去的学习中受到了太多的挫折，产生了一种情绪的自我保护。于是，我就琢磨让他运用他的优势学科来帮助弱势学科的学习。首先，保护他的学习欲望，我不给他的作文直接打分，让他不抵触、不反感，慢慢和他交流作文的心得。其次，慢慢引导他将自己的数学学习的经验转移到对作文的学习上。比如他写小论文的逻辑性很强，同理可证他写说明文和议论文是非常有优势的。再比如语文语法的总结完全可以运用数学的方法来进行归类。

在三年的时间里，我耐心地和孩子共同成长。事实上结果大大地超出预期，给了我巨大的惊喜，他的高考语文分数是全班第一名。类似这样的例子在我过去的教学工作中，以及后来我到很多学校作讲座，跟老师们的交流中，不断得到印证，一个孩子完全可以将一个学科的学习经验迁移到其他学科上去。

如何实现知识迁移？

首先是广泛学习，对自己原有的知识有一定的理解，发现一个门类甚至不同领域的知识的共通性，领悟到两种学习之间存在的关系，然后把对原有知识的理解转移到其他领域里去。

如果你能把不同领域的知识进行迁移、整合，就可能做出创造性的发现。我给学生辅导功课，发现基础不扎实就没法理解更高级的知识。物理不好是因为数学不好，甚至数学不好是因为语文理解能力不行。

其次是知识整合。我的学生赵颎、路凌燕、王星辰等曾经参加过一次头脑奥林匹克比赛。高一的学生那年的比赛题目叫作“双重困难”。工作条件是用不超过 36 克的桐木木条搭建结构。横截面面积 2 毫米见方，每根桐木条的长度可能只有 1 米或者 80 厘米。用这些桐木条和乳胶搭建两个结构。评分的原则是上下两个结构叠放起来，然后从最上面一片一片地压上杠铃片加重，直到结构被压垮，哪一队的杠铃片总重量最大就获胜。同学们经过讨论，一致认为拱形结构最承重，但是难度在于如何把笔直的桐木条弯曲成拱形，并且在不破坏桐木条本身结构的条件下，保证它依旧可以承受重量。其中一个同学在家烧开水，把木条浸泡在热水中，一点点地把木条变弯曲。这个关键的设计帮助他们在那次比赛中以搭建的结构承受了 150 公斤杠铃重量、远超第二名的成绩胜出了。

他们制造拱形结构的启发来自语文课本。其中有一篇课文《赵州桥》，讲的是一座位于河北省石家庄市赵县城南的石拱桥。赵州桥是世界上现存年代久远、跨度最大、保存最完整的单孔坦弧敞肩石拱桥。赵州桥是拱形桥，拱形承载重量时，能把压力向下、向外传递给相邻的部分，拱形各部分相互挤压，结合得更加紧密。拱形受压会产生一个向外推的力，抵住这个力，这个拱就能承载很大的重量。参加比赛的主力成员赵颎，后来成为一名生物学博士。回顾这次比赛，他认为他们将语言文字抽象的要求在头脑中具象化，这个拱形结构的构思是阅读理解之后形成的综合信息，再形成整体思维的结果，是语文能力帮助综合能力提升的具体表现。

再举一个例子。“天宫课堂”有一个内容的设计者是北京中学物理老师苏奇名。他是怎么设计出在天空用两米长的吸管喝芒果果汁的？灵感来自苏奇名小时候淘气用麦管从窗外喝饮料，如果麦管太长或吸力不够，饮料里的液体就会回流。他就想，能不能设计一个在天空喝饮料的实验呢？为了让这个项目万无一失，实验方案需要不断优化。最开始设计使用的饮品是碳酸饮料，后来考虑到碳酸饮料不利于健康，就需要用其他饮品替换，如果换成白水，又不容易观察清楚实验现象，同时还要考虑保障航天员的饮食安全。于是，老北京酸梅汤和果汁就是首选。一个看似简单的饮品，他来来回回实践了不少于 10 种，实验次数超过 200 次。

最初设计用直径 1 厘米、长 2 米的吸管，这样才能一口气喝不到饮料，从而增加项目的趣味性和挑战性。在空间站，由于航天员在外太空处于微重力状态，饮料不会回流，轻松就能喝到饮料，这就是天地之间的显著区别。由于航天员用的饮料袋是特殊设计，饮料袋口直径小于 1 厘米，因此要用更细更长的吸管来实施这个项目。那又该多细多长呢？这些看似简单的问题，背后隐藏着许多细节。真是天上一分钟，地面十年功。

知识迁移考查的也是一个人的综合能力，重要的不是了解知识，而是真正掌握知识，把它融会贯通地运用到各个学科的学习中。

腾飞引擎：
向航天科学家学习冗余思维

冗余，在日常生活里并不是一个褒义词，有多余、重复的意思。但是，“冗余”在工程系上却是一个有意为之的设计，这个概念是由“现代计算机之父”和“博弈论之父”约翰·冯·诺依曼在20世纪50年代提出的，是指人为增加的重复部分，通过对原本的单一部分进行备份，以达到增强其安全性的目的。

在航空航天领域，需要保证出了故障也能正常运行，不会危及整个任务，因此工程师常常需要把一些关键的组件安放一个以上，万一其中一个坏了，就会有另外一个备用的方案，机器（或者系统）依然能够正常运转，甚至可以在机器的运转过程中修复或者替换那个坏掉的组件。

比如，发射星链卫星的猎鹰 9 号火箭就配备了 9 个引擎，每个引擎之间都有充足的隔离空间。即使一个引擎出了故障，航天器也能完成任务。这个设计曾在 2012 年挽救了一次航天任务，当时猎鹰 9 号在一次发射中有一个引擎失灵，但是其他八个引擎持续轰鸣，飞行计算机关闭了有故障的引擎，调整了火箭的飞行轨道，让火箭任务顺利完成。

冗余思维运用到我们的学习生活中就是常说的“有备无患”，比如由于天气原因，户外教学取消了，有没有其他的备用方案？学校可能会改成室内教学，甚至启用网络课程。

对个人来说，你的学习有没有冗余设计？如果考试合格线是 60 分，那我们的目标可以定到 70 分，留点分数冗余；如果考试时间是两个小时，那练习时间就要控制在一个半小时，留点时间冗余。在学习的各个方面，你都要思考：需要做出什么样的准备来保证，如果某一部分出了问题，整个学习计划还能够继续执行。

冗余考虑之外，航空航天科学家还会考虑更为优秀的设计，打造安全边际来解决不确定的问题，比如宇宙飞船会比看上去的更结实，隔热层厚度也会超过标准要求，用更优秀的设计提高安全性，让宇宙飞船预防在恶劣的太空环境可能遇到的各种风险。航空航天科技的发展就是这样，要制定各类应急控制方案，反复研究、调整最优方案，确保万无一失。

2018 年 5 月 21 日，中国首次发射环绕月球轨道的微卫星“龙江一号”和“龙江二号”。“龙江一号”在发射之后，正在进行中途修正的时候，卫星信号突然消失。接着“龙江二号”在进行中途修正的时候也出现了状态失稳的情况。青岛测控站跟踪信号中断，紧急切换到喀什站发送指令，但是喀什站的跟踪也很快中断。关键时刻，临时增加的佳木斯深空站为“龙江二号”中途修正提供应急监控支持的方案起作用了，佳木斯深空站的跟踪信号正常。经过近三个小时的紧急抢救，飞控中心发送了 500 多条指令让“龙江二号”转危为安。科学家们都为这次成功的紧急抢救而欢呼，也为调用佳木斯深空站的正确决策而感到庆幸。

中国载人航天工程航天员系统总设计师黄伟芬在一次科普演讲中提出航天人的一个思想法宝——双想。什么叫“双想”？她解释说：“就是要对未来可能涉及的环节都要预想一遍：每个环节可能会出现什么问题，问题出现了，我们要有对策；对以前发生过的问题，我们也要回想，反思一下现在是不是真的已经采取了有效措施，得到了很好的落实和解决，如果没有，那我们还要把它做到预案里，进一步落实和解决。”

“双想”其实也是冗余思维的一种体现。在神舟十二号载人飞船发射任务中，无论是长二 F 运载火箭，还是神舟载人飞船均采用了“滚动待命”策略，即在神舟十二号载人飞船执行发射任务时，神舟十三号载人飞船和长二 F 遥 13 火箭均已在发射场待命，假如遭遇需要开展应急救援的情况，无论是“船”还是“箭”，都可在短时间内发射入轨，以实现太空救援。

这种冗余的思维方式对日常生活和学习也有极大的启发，未雨绸缪，防患未然，即使意外发生，也早有准备，可以从容应对，不至于手忙脚乱、功亏一篑。

不是每个人都立志成为航空航天科学家，但是我们可以学习科学家的冗余思维方式。你也可以设想你的生活里有没有备份，如果出了问题你会怎么做？我们在学习中面对不确定性的时候，常常找借口说我不够格、我没有做好准备、我没有足够的时间，如果是这样的话，不妨先做起来！

心理学上有“五分钟原则”，只要你开始第一个五分钟，就会做得更久。如果你永远不开始，就永远是原地踏步。成功的秘诀就是在看到一条清晰的道路之前，你就要开始行走。“敢于冒险才能实现突破，故步自封就不会有出人意料的发现，唯有那些领先时代之人才敢于与伟大的未知事物共舞，并在现状中发现潜伏的危机，而不是满足于现状，”火箭科学家奥赞·瓦罗尔勉励我们，“迈开你的步伐吧，如果因为你的轮子卡住了，你可以学会倒着走。迈开你的步伐吧，因为这是前进的唯一的方式。”

灵光乍现：
向诺奖得主学习发散思维

2020 年诺贝尔生理学或医学奖颁给了哈维·阿尔特、迈克尔·霍顿、查尔斯·赖斯三位科学家，表彰奖励他们在发现“丙型肝炎病毒”（即 HCV）方面作出的贡献。随着颁奖结果的公布，哈维·阿尔特在科研之余喜欢写诗的一段故事也传播开来。

早在 20 世纪 70 年代，哈维·阿尔特和他的同事就发现了一种“非甲非乙型”的肝炎，元凶是一种“微小、由脂质包裹”的可以通过血液传播的东西。但导致这种肝炎的病毒十多年来一直未能被成功分离。

1988 年，哈维·阿尔特在失望和焦虑中写了一首诗，叫作《只见乙肝表面抗原，不见森林》。就在这一年，美国希龙公司的迈克尔·霍顿和他的同事首先分离、鉴定出这种新型病毒，后来又由华盛顿大学的研究员查尔斯·赖斯及其研究团队证明确实是这种新型病毒导致了丙肝。因为不是自己第一个找到了病毒，哈维·阿尔特既高兴又遗憾，又写了一首诗《对于希龙已然覆水难收》，感叹自己又要和诺贝尔奖失之交臂了。当然，他猜错了。2020 年，这三个人都获奖了。而哈维·阿尔特因为喜欢写诗而被戏称为“被诺贝尔生理学或医学奖耽误了的文学奖得主”。

在诺贝尔奖历史上，喜欢艺术的科学家不在少数。诺贝尔自己就是化学家、诗人、小说家；爱因斯坦热爱小提琴，他甚至说他拉小提琴的成就要比他的物理学成就高明；证明疟疾是由疟蚊传播并获得 1902 年诺贝尔生理学或医学奖的罗斯喜欢写作，你敢相信他居然喜欢写爱情小说吗！他写的爱情小说《奥莎雷的狂欢》还成为英国 20 世纪 30 年代十大畅销小说之一；1981 年诺贝尔化学奖获得者霍夫曼出版过 5 本诗集，他曾不无幽默地说道：“发表一首诗歌比发表一篇科学论文难多了，科学论文杂志的投稿接受率通常能在 30%～50%，而诗歌文学杂志的投稿接受率往往不到 1%。”

这些“艺术科学两开花”的例子生动地证明了 1957 年诺贝尔物理学奖获得者李政道的一段话：“艺术和科学事实上是一个硬币的两面。它们源于人类活动最高尚的部分，都追求着深刻性、普遍性、永恒和富有意义。”

如果从大脑的学习来说，这些诺贝尔奖得主都做到了专注模式和发散模式的完美统一。

工程学教授芭芭拉·奥克利曾介绍了大脑学习的两个模式——专注模式和发散模式。专注模式和发散模式是每个人都能掌握的学习模式。学习不好的人，只是在大脑中不善于切换这两种学习模式。专注模式就像手电筒打出一道细细的强烈的光束。当这道光束找不到答案的时候，不妨把手电筒的光束调宽，光的强烈程度降低了，照射范围却扩大了，就成了发散模式。这两种模式是需要结合的，在集中注意力、持续一段时间的专注模式基础上，对问题有了深入的了解和思考，但还是没有答案，这时候可以有意识地停止当前的学习，放松身心去做一些看起来不相干的事情，比如跑步、听歌、远眺或者冥想，实际上大脑后台依然在运行。人们常说的“灵光一现”就是发散模式的思考结果。

哈维·阿尔特那首诗歌提到的希龙公司还有一个诺贝尔奖得主穆利斯。1993 年，卡里·穆利斯因开发了聚合酶链式反应法（PCR）获诺贝尔化学奖。这一发现不仅使警方能够更好地利用 DNA 证据来对付罪犯，还激发了电影《侏罗纪公园》中利用化石 DNA 克隆恐龙的灵感。如今 PCR 已经成为生物化学和分子生物学的一项核心技术，大大促进了人类对基因以及疾病的研究。

穆利斯也是很会切换专注模式和发散模式的研究人员。这样的人有时候看起来“无所事事”，但他们某一刻的“灵感”就可能让创新爆发。穆利斯年轻时获得生物化学博士学位后并没有马上从事科研工作，而是写起了小说，还开了一家面包店，玩得不亦乐乎。然而当他进入科研领域时，对做研究也非常着迷，甚至在和女朋友约会时都在思考。在 1983 年一个周末的晚上，他载着女友约会，在一条人迹罕至的公路上飞驰的时候，忽然灵光一闪，想出了技术改进的办法。他回到实验室没日没夜地做了许多次实验，后来开发了聚合酶链式反应法。

大脑科学的研究告诉我们：专注模式集中在大脑的前额叶皮层，发散模式弥漫于整个大脑皮层。很多科学家、发明家、作家都善于切换专注模式和发散模式。爱因斯坦在思考科学之余常常会拉小提琴、欣赏文学作品，他甚至说：“我从跟艺术作品的接触中得到了最大的快乐。它们给予我的快乐，在某种程度上是从其他东西中得不到的。”

我们遇到难题时不妨做做运动，听听音乐，甚至小睡一会儿。可以参考创造力研究专家霍华德·格鲁伯提出的 3B 方法：

睡觉（bed）、洗澡（bath）、坐公交（bus），在有意转换行为中改变思路。

发散性模式如何发挥作用？一是避开定式效应，定式效应是指大脑里最初的想法会阻碍产生更好的想法。二是把不同的想法组建连接成知识网络。成功的科学家、企业家、艺术家，都会进行大量的阅读，广泛涉猎不同领域的知识。所谓触类旁通，就是大脑中构建的神经网络越强大，解决问题的能力就越强。

一个人要建立发散性思维模式离不开丰富的兴趣爱好。2022 年诺贝尔化学奖花落三家：巴里・夏普莱斯、摩顿・梅尔达尔、卡罗琳・贝尔托齐。其中的女性获奖者贝尔托齐，完全不是一般人想象中文静内敛的女科学家，而是充满活力的文体全才。她青少年时期喜欢打街头篮球，高中踢足球，优秀到可以获得大学的体育奖学金。不过最爱的还是玩乐队，差点要去大学专修音乐专业。她到了晚年接受采访的时候还透露，比起科学家，她更想成为一个摇滚明星，如果有机会的话很想甩开膀子试一试。贝尔托齐在哈佛大学读书期间，一方面目标是成为科学家，另一方面也没有放弃自己的音乐爱好，在乐队里当键盘手，有时候自己还写一些作品去表演。

2022 年获得诺贝尔物理学奖的三位科学家也都有非常广泛

的兴趣，比如塞林格爱拉大提琴，狂热喜爱爵士乐，也是超级科幻迷，尤其喜欢小说《银河系漫游指南》。在这部小说里，超级电脑计算出宇宙的终极答案是“42”，塞林格也给自己的帆船命名为“42”。无论是艺术家还是科学家，都需要有敏锐的直觉和感受力，以及对世界的不竭的好奇心。

今天的心理学也证实了艺术与科学的思维是相通的，也可以相互补充。我们的大脑通过不同的刺激来触发神经元的发展，建立联系，形成一个庞大的神经网络。人们从不同学科的交叉中可以建立起更开放的思维方式，能够通过某一方面的知识去推演另一方面的规律。

也许你不是那个顶级的科学家，也许你看起来比较平凡，但是你一样可以找到你的方向。像艺术家和科学家一样，用不同的方式探索宇宙星辰，在不可能的世界里找到可能，尽情释放好奇心和想象力，你的世界就会很精彩。

科学魔术：
向推理大师学习观察能力

我是一个阅读推广人，常常给大人、孩子讲书籍中的故事。常有人问我，孩子不喜欢看老师推荐的书，只喜欢看课外书，怎么办？我想说，看课外书，也有看课外书的收获。我上学的时候也喜欢看课外书，比如推理小说，能够提升日常的观察能力。

有两个推理大师，他们的作品不只是给人消遣，也进入了文学经典的殿堂。

第一个推理大师是阿瑟·柯南·道尔，他创作的《福尔摩斯探案全集》开辟了侦探小说的黄金时代。日本漫画《名侦探柯南》中的主角之名就是致敬柯南·道尔。那么，真正的“名侦探柯南”是如何观察的呢？

阿瑟·柯南·道尔，1859 年出生于苏格兰爱丁堡。他继承了家族的艺术天分，自幼喜爱阅读、写作，但为了谋生，还是选择了学医，从爱丁堡大学医学院毕业后开始行医。然而，柯南·道尔从来没有忘记自己的文学梦。1887 年，他终于写出了自己第一部重要的中篇侦探小说《血字的研究》。

柯南·道尔塑造的大侦探福尔摩斯的原型其实就是他的大学老师约瑟夫·贝尔，得益于老师的言传身教，他锻炼出通过细心观察零碎的线索从而推理出一个完整画面的能力。

外科医生约瑟夫·贝尔总是鼓励学生对病人进行精确的观察和逻辑推理，他经常在病人开口之前就能判断出病人的病情以及他们的生活习惯、从事的职业、来自哪里等。

柯南·道尔回忆说："我在爱丁堡遇到了一位激发我构思福尔摩斯的人……他的直觉能力简直不可思议。第一位患者出现，贝尔先生说：'我看你患的是酗酒病，竟然在外衣内兜里藏着一瓶酒。'另一个病人进来时，'皮匠，对不起……'他说完就转向学生，并向他们指出那个人的裤子膝盖内侧破了，这正是此人跪在垫子上的地方，这是只有在皮匠身上才会出现的特点。"

贝尔老师向柯南·道尔证明了观察力不是魔术，是科学。

柯南·道尔非常钦佩贝尔老师敏锐的观察力。他从贝尔老师那里得到了灵感，想要写一个具有高度科学头脑的侦探，最终这个人物命名为夏洛克·福尔摩斯。在《血字的研究》开头，华生医生从阿富汗战场受伤后回到英国，经人介绍，找到福尔摩斯一起合租，两个人第一次见面，福尔摩斯开口就说："我能看出，您到过阿富汗。"这句话让华生吓了一跳，也激起了读者的好奇心。福尔摩斯是怎么推理出来的呢？"这位先生具有医务工作者的风度，还有一副军人气概。那么，显然他是一个军医。他刚从热带回来，因为他脸色黝黑。但是，从他手腕黑白分明的皮肤来看，这并不是他原来的肤色。他面容憔悴，这就清楚地说明他久病初愈而又历尽苦难。他左臂受过伤，现在胳膊的动作还有些僵硬。试问，一个英国的军医在热带地方历尽艰辛，而且臂部负过伤，这能在什么地方呢？自然只有在阿富汗了。这一连串的思索历时不到一秒钟，因此我就脱口说出你是从阿富汗来的，于是你感到惊奇。"

博学的功底、丰富的想象力与敏锐的观察能力相结合，诞生了福尔摩斯著名的演绎推理法。

柯南·道尔从老师那里学到了敏锐的观察力，而观察力建立在丰富的知识基础之上。他在《狮鬃毛》一文中曾借福尔摩斯的口表达了对读书的见解："我这个人头脑中装了一大堆生僻的知识，毫无科学系统，但这些知识对我的业务是有用的。我的脑子就像一间储藏室，里面堆满了各式各样的包裹，数量之多，使我本人对它们也只有一个模糊的概念了。”

柯南·道尔塑造的夏洛克·福尔摩斯的学识范围包括文学、哲学、天文学、政治学、植物学、地质学、化学、解剖学、音乐、刀剑拳术、法律、社会学、病理学、地理学、心理学、密码学和逻辑学等，并且至少懂得英语、拉丁语、德语和法语四种语言。书中多次引述莎士比亚、贺拉斯等人的作品，显示了广博的文学知识；在《希腊译员》一文中，福尔摩斯曾和华生谈论黄赤交角变化的原因；《海军协定》和《第二块血迹》文中所涉及的案件显示了福尔摩斯的政治学知识。而这些都是柯南·道尔平时阅读积累的知识的体现。

所谓艺术创造，神经学上的讲法就是两个神经回路连到了一起，激发了第三个神经回路。柯南·道尔将细心的观察和平时阅读积累的学科知识连接到一起，就创造出独特的艺术形象，即大侦探福尔摩斯。

正如脑科学家洪兰所说：“每个神经元与别的神经元之间有一千个以上的连接。要想有创造力，必须有四通八达的密切连接的神经网络。神经元连接的密度与触类旁通、举一反三的创造力有关。‘经验’可以影响神经元的连接。神经网络越密的人，他的创意就越多，他的创造力也就越强。而‘经验’（背景知识）的获取有赖于自身的经历和阅读学习前人的经验。”

柯南·道尔的写作证明了观察力和背景知识相结合的价值。他的成功对今天学习者的启发就是在直接经验不够的情况下，越大的阅读体量，才能获得越多的背景知识，而后在这个基础上进行创造。

创造力要摆脱具体的知觉情境、思维定式和习惯观念的束缚，善于在习以为常的事物和现象中发现新的联系，提出新的思想，产生新的产品。柯南·道尔虽然从观察他的老师的言行中得到了灵感，但是并不是照搬他的老师的一切，而是由此创造出一个新的人物形象。

第二个推理大师是“侦探女王”阿加莎·克里斯蒂，她曾经给我枯燥的高中生活带来了极大的乐趣。

阿加莎·克里斯蒂没有受过严格的学校教育，却成长为侦探小说女王，写出了畅销全世界的推理小说。这一切要归功于四个特别的“教师”：一个总是给予激励的父亲、一个会讲故事的母亲、一个业余的法语老师、一个不开口却有无数故事的“老师”（书籍）。

阿加莎·克里斯蒂晚年在自己的回忆录里开篇就说道：“我

认为人生最大的幸运莫过于拥有一个幸福的童年。我的童年幸福快乐，我有一个我喜爱的家庭和宅院，一位聪颖耐心的保姆，父母伉俪情深，是一对恩爱的夫妻，也是一对称职的家长。”她早期心智的发展归功于父母的爱，这让她在安全温暖的环境中可以自我探索，健康成长。

阿加莎·克里斯蒂从小就听母亲和奶妈讲故事。每天的故事时间不但增进了亲子关系，而且使她受到良好的早期教育。对孩子来说，母亲的吸引力就在于讲的故事总是丰富多彩。母亲曾给她编了一个奇怪的蜡烛的故事，类似于侦探故事，讲述一个坏人如何把毒药搓进了蜡烛里。这个故事没有结局，一直萦绕在小阿加莎的脑海里，为她以后撰写推理故事埋下了最初的种子。

阿加莎的母亲认为孩子 8 岁以前不能读书，不然对眼睛不好，所以没有把阿加莎送进学校。但是阿加莎自幼特别喜欢故事，每次别人给她读了一本故事书，她就会拿起那本书来研究，慢慢地学会了认字。她不到五岁就可以毫不费劲地读书了。

父亲认为她既然能看书了，最好就学写字、学算术，于是给了她一本习题集。阿加莎很喜欢这个习题集，虽然内容是加减法，但是她能从中读出故事情节。比如有这样的题目：“约翰有 5 个苹果，乔治只有 6 个，如果约翰拿走乔治的两个苹果，乔治最终有几个苹果?”阿加莎晚年回想起这一段的时候说:“我很想这么回答:这取决于乔治有多喜欢苹果。”不过当时她还是老老实实写下了“4 个”,而且还自告奋勇地加上一句“约翰有 7 个”。

阅读积累到一定的时候就会自然输出。阿加莎虽然不上学,但是她的阅读量并不少,并且在很小的时候就自己编故事。她写下的第一个故事很短,一个品德高尚的好人和一个凶狠残暴的坏蛋争夺一座城堡的继承权——从这里我们可以看到阿加莎未来写推理小说的雏形。阿加莎写出来之后还跟姐姐一起表演,她的父亲看了以后笑得前仰后合。

孩子的努力被看到,就会得到极大的激励,并逐渐内化为强大的内驱力。过了很多年,阿加莎经历了父亲早逝、投稿失败、丈夫背叛等苦难,但从未放弃写推理小说的梦想,并为之不懈努力。

阿加莎的母亲有一个惊人之举,请了一位裁缝店的助理试衣员来当法语老师。这个姑娘从来没有当过老师,在家庭教育方面完全是个外行,可是母亲却认为她很合适。首先这个姑娘不懂英语,所以阿加莎就不得不跟她学说法语;其次这个姑娘温顺有耐心。母亲的异想天开被证明是可行的,阿加莎一生都记得玛丽老师可爱的样子。第一天师生就像两只不会说话的小狗，只能互相打量。玛丽给阿加莎梳头发，带她玩耍。不到一个星期两个人就能交流了。阿加莎东一个词、西一个词，居然也能表达出自己的意思。在模仿和不断使用中学习——这是真正符合儿童语言发展的学习方式。

阿加莎的家里还有一个满腹诗书的无言的老师——书籍。家的顶层有一个大房间，摆满了琳琅满目的书，也有儿童书架，她喜欢各种各样的神话和童话故事，长大一些还喜欢看福尔摩斯探案系列以及历史书籍。父亲病逝后，母亲依然为她朗读大量的作品，包括狄更斯、萨克雷、大仲马的作品。直到 15 岁，阿加莎才被送进寄宿学校。总的来说，阿加莎的教育几乎都是在家庭旅行、看戏剧、听故事以及阅读中完成的。

阿加莎自传最后写道："如今，在 75 岁的时候我能说些什么呢？感谢上帝赐予我幸福的一生，给了我深厚的爱。"童年遇到的、看到的、听到的，给阿加莎打上了人生的底色。阿加莎从"小故事"里获得了阅读的享受，也用她的"小故事"（她这样称呼自己的作品）给世人带来巨大的阅读享受。

如何像柯南·道尔和阿加莎·克里斯蒂那样去观察生活？

这需要大量的训练以及广博的知识。还有一些容易被忽视的地方，就是强烈的求知欲望和广泛的兴趣。如果一个人饱食终日、无所事事，对自己没有什么要求，对周围的一切都很冷淡，是不可能发展出观察能力和写作能力的。所以，一个人的观察力、创造力是和内心品质的发展分不开的。高尔基曾经说过："才能不是别的什么东西，而是对事业的热爱。"北京师范大学认知神经科学与学习研究所教授彭聃龄曾谈道："当人们迷恋自己的工作，对工作热情洋溢，能给能力的发展提供巨大的动力。成功往往不是因为他们具有高于常人的天分，而是由于他们有坚强的意志品质，由于他们具有明确的目的性、果断性、自制力、独立性与顽强性。"

写作是对世界的观察，也是自我表达的方式，因此也离不开自我分析、自我认识的能力，善于发现自己的优缺点，有意识地让自己朝着某个方向去提高。正如心理学家斯宾赛所说："天生的能力必须借助于系统的知识。靠直觉能做的事很多，但是做不了一切。只有天才和科学结了婚才能得到最好的结果。"

鼓励提问：向生物学家学习好奇心

达尔文是我非常喜欢的科学家。从我的孩子小时候的睡前故事到青春期的生物课，我都会给他讲达尔文的故事。

1831 年 12 月 27 日 ，查尔斯 · 达尔文登上英国海军舰艇“贝格尔号”，开始了为期五年的科学考察之旅。他在这个过程中孕育了达尔文的“生物进化论”思想，后世把此次航海活动称为人类历史上非常重要的航海考察活动之一。但最初达尔文登上舰艇只不过是作为舰长的旅伴，他的父亲甚至认为这次旅行纯粹是浪费时间。

达尔文是如何从一个不被父亲看好的顽童成长为改变世界的博物学家的？

“你整天不是打猎抓狗就是抓老鼠，你这样会让自己和全家人丢脸的!”达尔文在垂暮之年回首往事的时候，脑海里还萦绕着父亲对他的呵斥。

达尔文出身于名门世家，祖父是一位科学家，父亲是著名的医生，母亲来自陶瓷产业大亨韦奇伍德家族。但是，达尔文在童年时并不是一个传统意义上的好学生，在 9 岁那年被送进公立学校，却对学校里的拉丁文和希腊文课程完全没有兴趣。达尔文晚年在回忆录里写道：“对我而言，作为一种教育手段，那所学校整个就是一片空白。”

虽然达尔文对学校的课程没有兴趣，但是更广大的没有围墙的“学校”却让他陶醉其中。他在大自然里钓鱼，收集矿物和鸟蛋，和哥哥在花园的棚子里做化学实验，骑马打猎。

16 岁时，达尔文被送到爱丁堡大学学医，但是父亲的苦心并没有奏效。达尔文对解剖尸体和在没有使用麻醉剂的情况下给病人做手术毫无兴趣。他“吊儿郎当”地学了两年，正经课不好好上，却花了大量的时间参与课外活动。

对父亲来说，这简直就是一个很不成器的孩子。然而，达尔文有坚定的信念——他认为自己生来就是一个生物学家，并遵循兴趣寻找老师。

他认识了一位年轻的动物学家罗伯特·格兰特。虽然达尔文在大学里没有选修过格兰特老师任何的课程，却成了格兰特的非常用功的学生。他跟随老师在福斯湾附近进行了多次的野外考察，在观察和描述那一带沿岸海域的海洋生物方面得到了全面的训练，这些技能使他在多年后的“贝格尔号”舰艇航行中一展才华。更重要的是，达尔文在追随格兰特学习的过程中间接接触到了物种变异的最新的思想——也就是进化论的雏形，这些思想虽然有很多漏洞，但在当时具有革命性的意义。

达尔文退学离开爱丁堡时，没有拿到医学学位。学医不成，父亲建议他将来当牧师。达尔文压根不想当什么牧师，不过他觉得乡村牧师的生活相当舒适，而且牧师在业余时间搞点自然史的研究，也完全可以被他人所接受。为了实现研究自然的潜在梦想，他接受了父亲的建议，前往剑桥大学学习。

达尔文对希腊语、拉丁文以及神学课程依然没有兴趣，不过他还是获得了学位。他把更多的时间投入对昆虫的研究中，对收集甲虫简直走火入魔。他甚至抱怨说：“连个可以一块聊聊昆虫的人都没有，感觉自己在一点点地死去。”

想学习的人总能找到自己的老师。很快，他结识了植物学教授约翰·亨斯洛和地质学教授塞奇威克。在两位老师的帮助下，通过课外讲座、实地考察和非正式的小组学习，他的兴趣得到了极大的拓展。

剑桥大学毕业之后，达尔文本应该听从父亲的安排，归隐乡间去当个牧师。但是他的内心还是想要旅行和探险，这时好运来了。

英国皇家海军将乘坐“贝格尔号”军舰进行一次勘测和探险航行，并需要一位植物学家跟随。达尔文在剑桥结识的亨斯洛教授建议他接下这一任务。这次旅行费用不菲，还需要父亲的财力支持。起初父亲对这个计划很不以为然，担心达尔文再次找借口不好好当牧师，浪费大好光阴。

为了成行，达尔文向舅舅求助，舅舅帮助他说服了父亲资助达尔文的这次航行。这趟旅途并不是浪费时间，的确改变了达尔文的人生轨迹。

追随自己内心的渴望，达尔文踏上了环球旅行。一路上，他细心观察、善于思考。比如原本名不见经传的加拉帕戈斯群岛，让达尔文有了很多新发现。在生态环境看起来相差并不大的群岛中，每个小岛上的物种都有着微妙的区别。当地常见的地雀属鸟类，它们如此近缘，喙却变化多端。这是为什么呢？达尔文不停地思考。

在南美洲海岸骑马打猎，他一直在寻找一种鸵鸟，比普通美洲鸵鸟更小，颜色更深，羽毛一直垂到腿上。他开始一无所获，后来在一个意想不到的地方找到了。

圣诞前夜，在“贝格尔号”军舰的晚餐里有炖熟的鸟肉，吃完饭他猛地想到刚吃的肉可能就是他非常渴望做标本的小鸵鸟。达尔文及时保住了那只鸟的头、颈、腿、羽毛和皮肤，并送回给英国的亨斯洛教授。后来这种鸵鸟被命名为“达尔文美洲鸵”。

五年里，达尔文四次横渡大西洋，探访南美洲大陆及周边岛屿，深入南太平洋，远赴印度洋，并对沿途的种种生物、地质现象、民风民俗等进行了详细的观察和记录，同时带回了大量珍贵的标本。

进化论并不是达尔文第一个提出来的，但是达尔文在观察思考的基础上，利用翔实的证据，综合前人的观点，最终发布了石破天惊的著作——《物种起源》。

达尔文无疑是独一无二的，他的家族的学术传统和强大的经济基础能支持他两次上大学、支持他登上军舰环球考察，后半生任他专心研究而不用为生计操心。然而他可以成为生物学家的决定性因素并不是优渥的条件，而是他的好奇心。

达尔文的玄孙女莎拉·达尔文博士就说：“达尔文对大自然一往情深，大自然是他的灵感之源，正是由于这种对自然的深情，才有他后来的发现。他对自然的关系不仅仅涉及情感，还与知识密切相关。大自然带给他巨大的欢乐，也是他获取知识和理解世界的不竭源泉。也许这就是我从高祖父那里学到的最重要的东西：睁大眼睛，敞开心扉，尽情享受大自然的奇妙，永远不要停止发问。”

一个追猫逐狗的少年在兴趣的引导下，善用资源，成长为进化论奠基人。找准方向，跟对老师，勤于思考，善用资源，谦虚勤勉，一切努力都将化为日后厚积薄发的基础。

中断的力量：
向心理学家学习复习方法

一个学生跟我倾诉苦恼，说自己不会复习，学了新知识忘了旧知识，并自嘲地说："我就是狗熊掰棒子——掰一个，丢一个。"

我说："你有这样的自嘲精神，就说明没有失去学习的热情。"复习的确有方法，就让我们向心理学家来学习一些有趣而高效的复习方法吧。

复习的时候，通常老师会要求同学集中精力、专注复习，也希望家长配合，不要打断孩子的复习。集中精力、高效复习的方法当然是有效的。但是，心理学家发现适当的打断能够提高学习效率，这在心理学上称为"蔡加尼克效应"。

这是怎么回事呢？这源自心理学家蔡加尼克做的一系列有

关记忆的实验。他给参加实验的每个人布置了 15 到 22 个难易程度不同的学习任务，其中一组不被打扰地完成，另外一组则在进行的中途会被打断。实验结束后，要求实验者回忆所做过的事情，看还记得多少。结果出人意料，能被记起来的“被中止而未完成的任务”远远多于“已完成的任务”。这种对未完成工作的记忆优于对已完成工作的记忆的现象，被称为蔡加尼克效应。

我们可以借助蔡加尼克效应的中断力量，在复习的时候运用交替学习法，一种是内容上的交替方法，另一种是有意识的时间中断方法。

在内容上的交替方法也有三种：一是可以把既相关又不同的内容混在一起学习，比如同一个学科的不同题型混在一起做；二是可以把不同学科混在一起复习，一晚上同时复习好几门功课；三是可以把已经掌握的和不太熟练的知识混在一起复习，不要只练你不熟的内容。

比如在复习的时候，学生往往会准备一个错题本，把做错的题目记在上面，一遍一遍地练习，或者把不会的单词、生字做特殊标记，不断地复习，直到全部做对为止。这是一种常规也很有效的复习方法。如果我们借助蔡加尼克效应，可以把会的和不会的知识混合在一起复习，让大脑有新的刺激，可能比重复练习错题的效果更好。

时间上如何有意地中断？我们可以引入番茄时间法。这个方法得名于厨房用的番茄形状的定时器，通常一次定时 25 分钟。你选择一个复习任务，25 分钟后闹钟响起，就中断复习，休息 5 分钟，然后再开始下一个 25 分钟。

只设 25 分钟，有助于将繁重的复习任务分解开来，让自己在一段时间里进行高度集中注意力的学习。每隔 25 分钟强制休息一下，重新唤起大脑的兴奋。

交替学习和集中目标学习并不矛盾，你可以在一段时间内针对某个目标集中学习，比如今天专门复习语文，明天专门复习数学，也可以在一段时间内把不同学科交替学习。灵活运用，才能找到适合自己的复习方法。

心理学家艾宾浩斯曾对遗忘现象做了系统的研究，并把实验数据绘制成一条曲线，心理学上称之为“艾宾浩斯遗忘曲线”。遗忘曲线发现了一条规律：遗忘进程是不均衡的，在识记的最初遗忘很快，以后逐渐缓慢，到了一定的时间，几乎就不再遗忘了，也就是遗忘的发展是“先快后慢”。

后来的研究者进一步研究发现遗忘的进程不仅受时间因素的制约，还受其他因素的制约。比如学生最先遗忘的是没有重要意义的、不感兴趣的、不需要的、不熟悉的材料。所以，在理解的基础上记忆，间隔一段时间的复习和再认是非常重要的。

根据遗忘曲线的规律，你可以找到复习的间隔时间，比如学习新知识后，分别于 5 分钟、30 分钟、12 小时、1 天、2 天、4 天、7 天、15 天后再次复习，就会记得很牢固。

当然，完全按照遗忘曲线去记忆是不太容易做到的，学生可以根据考试时间来设定自己的多次复习时间。比如一个月以后考试，那么月初第一轮复习完了之后，隔一两天再复习这部分内容，接着再过一个星期复习，临考前再复习一次。

间隔时间的复习可以强化记忆，同时也要适当反思，为什么有一些容易遗忘？有意识的反思能发现自己的薄弱环节，查漏补缺。而且过一段时间之后，学习环境也会发生变化，给大脑提供更多的环境信息，加强大脑提取记忆信息的能力。

如果你想检查自己对某个知识或者概念是否已经理解，一个简单的方法就是讲给别人听，如果你能够用尽可能简洁清楚的语言让其他人听懂，就证明你已经掌握了这个概念。

在复习的时候，老师常常让同学们分小组学习、互相讲解，当一个学生尝试着把知识讲给别人听、教会别人做题，就是通过教的方式去加深对学科知识的理解，教的过程就是在思考、分析、整合，有助于更好地掌握知识点。在家里的环境下，如果条件允许，也可以讲给父母听。在讲的过程中，要尽可能说出声来，模拟老师上课的情景。一旦讲解不下去或者讲解得不透彻明白，就说明这部分知识理解不到位。这时就可以回过头去思考，自己卡在了什么地方，重新梳理学科知识点，一直调整到能说清楚为止。

在模拟教学的过程中，还要不断提问：有没有其他更简单的解题方法呢？如果更改一下这个题目中的一些条件，答案会有什么不同呢？同学之间互相出考卷，或自己给自己出一个卷子，也是换一个角度来理解不同的解题思路，可以更深刻地理解公式、定理。

这个其实就是费曼学习法。事实上，这种做法的重点就是将所学知识传授给他人。由于需要精确复述自己的想法，你不得不重新认识、梳理此前认为理所当然的一切，从而引发思考、加深理解。

复习内容看似是一项枯燥而重复的学习，但是像刚开始说的那位同学一样，光接受新知识，把旧知识遗忘了，就像狗熊掰棒子一样，顾此失彼。复习不是重复，而是对知识的薄弱环节查漏补缺，从而真正掌握并且能够运用好知识。

通感与灵动：向创新大师学习可视化思维

1893 年，在芝加哥世博会开幕礼上，尼古拉·特斯拉成了魔法的代名词。只见他穿着厚实的软木底鞋站在舞台上，舞台后面的开关被接通 25 万伏的电压，顿时他的身体变成了一根电棒，电火花从他的指尖流出，而由于绝缘鞋的缘故，他毫发无损。交流电同时点亮 9 万盏灯泡的供电能力，更是震慑全场。

出生于塞尔维亚的特斯拉被誉为“创新之王”，因主持设计了广泛运用的交流电系统而闻名于世。他的传奇一生和伟大发明，激励了无数的发明家、艺术家和企业家。

从那以后一直到 21 世纪，绝大多数的电网依然采用特斯拉发明的技术。点亮世界只是他众多发明中的一个，他的一生数百项发明创意涉及飞行器、清洁能源、机器人、无线传输等全球性的技术，他的狂想早已超越他的时代。

特斯拉具有一种融合知觉体验的能力。就像有音乐通感的人，听到音乐会把不同的颜色、气味和不同的音符联系在一起。特斯拉也有这样的能力。童年时期，他的母亲鼓励他大段大段地背诵诗歌，他在背诵的时候脑海里就会浮现相应的图像。甚至当别人跟他说一个词的时候，这个词所指代的物体的形象就会生动地出现在他的面前，有时候甚至“真实”到他忍不住用手去推它。这样的一种影像幻觉起初带给他难以忍受的头痛，甚至会让他整夜失眠。但是慢慢地，他利用想象力把自己引导至平静的状态，并将可视化思维变成自己的优势。特斯拉后来回忆说：“我完全沉浸在想象绘制机器图和设计新机型所带来的极致享受中，这是我一生中有过的最完美的精神愉悦……对我来说，构思中的装置零件绝对都是真实的。所有细节都历历在目，甚至最微小的标记和磨损的痕迹也是如此。”

特斯拉小时候在书里读到描写尼亚加拉大瀑布的句子，他的脑子里就想象着一个大水轮被瀑布驱动的样子。后来，这个轮子变成了真实的物体，他最著名的工程——尼亚加拉瀑布水力发电站，把电力输送到四面八方。

从特斯拉 17 岁第一次训练自己的可视化思维能力开始，这种能力最后变成了可以展示自己想法的便捷的工具。他将工程概念和形象思维融合在一起，可以在没有建立模型的情况下，在想象中创造出想要的机器的图像，并在想象中进行修整，甚至能在头脑中旋转图纸。

1882 年的一个日落时分，特斯拉跟朋友们一起散步，他一边走一边朗诵童年时期母亲教他背诵的长诗《浮士德》：

太阳隐退了，
一天就此告终，
她奔向彼方，
开拓新的生涯。
啊，但愿我能插翅高飞凌空，
永远不停地追随着她！

同时他的脑海里浮现出光彩夺目的图像。朗诵完之后，他就在这条沙土路上画了一幅旋转磁场的简图，那是感应电动机的心脏。几年后，那天的构想成为现代电气系统的基石。

我们也可以尝试着运用特斯拉那样的可视化思维方式。

一是丰富人生体验。积极参与各种活动，选择适合自己身心放松的方式，比如游泳、跑步、领略自然美景、听音乐，甚至是观察所走过的街道。想象一下，你能否在大脑里绘制出所居住的小区的三维图？

多样化的体验能够让思维能力更丰富。特斯拉很小的时候就表现出强烈的求知欲，他喜欢阅读科学、文学经典作品，动手能力也很强，他把祖父的钟表拆开又再次装起来。他还喜欢玩自制的水枪，和小伙伴们比赛堆雪球，长大之后喜欢看戏、听歌剧，他在社交的时候很爱出风头。但是他也常常独处，花很长的时间边走路边思考。他工作起来也很勤奋，甚至不眠不休地在实验室待很长时间。

二是练习在大脑中创造形象。可视化思维常常包括图像、声音、气味和各种感觉器官的连接。在富有创造性的群体中，通感的能力很常见。物理学家费曼就说过，他看到数字的时候，可以同时看到形状和颜色。我们也可以训练自己把抽象的数字想象成具体形象。也可以白日做梦，在大脑里画一幅生动的画，尽可能地去想象如何一笔一画地画出来，想象一下是否可以把这幅画旋转起来。

当学习了特斯拉的可视化思维之后，我就将其运用到指导学生的写作中。比如将一段一段的文字变成图片格式，在头脑中建立几个图像模块，然后就像移动拼图一样，将不同的段落移动到不同的位置上。

三是竭尽全力追求所爱。也许是文学，也许是音乐，也许是视觉艺术，尽量去寻找并热爱自己感兴趣的、想看的、想听的事物。除了学校的功课，还可以利用网络学习其他的课程，拓展知识面。

当然，学习可视化思维之后，还需要掌握相应的技术。如果只有想象的话，只是空想。不管学习什么，都可以先在脑子里构思提纲和一些细节，但是最终还要动手落实。

第二篇

身心成长的学习技能

基因能够决定学习能力吗

朋友圈流传着这样一句话：当你辅导孩子作业而忍不住发脾气的时候，请务必默念三遍："亲生的！亲生的！亲生的！"这个段子的潜台词是，当你对孩子的学习能力有所怀疑时，请不要忘记自己的基因不过如此，就不要奢望孩子是天纵奇才。

但是，一个人的学习能力真的完全由基因决定吗？非也。

基因确实是有作用的。行为遗传学研究发现，家庭环境的作用要远远小于基因。比如，一起抚养的兄弟姐妹之间的相似度并不比那些一出生就被分隔开来的兄弟姐妹之间的相似度更高；一对同卵双生子无论是分开抚养还是一起抚养，他们之间的相似度都是50%。总结起来就是基因的作用占50%，独特环境的作用占50%。

如果基因和父母的教养方式并不能够决定一切，那么影响孩子的是什么呢？社会化。比如，孩子们在说话方式、穿衣打扮、行为习惯方面都会模仿同伴，而不是他们的父母。儿童也有自身的文化，他们要在自己所属的社会群体里做到游刃有余，逐渐形成自己的个性特征和学习方式。

多篇科研论文揭示了可以通过干预基因表达来影响人体的神经、行为以及一些生化过程，从而达到调节身体机能的目的。

举个例子。比如，有的人家族基因容易得糖尿病，如果他不胡吃海塞，并且节制饮食，适当运动，得病的概率可能大大降低。

那跟学习有啥关系？

咱们看一个实验。在心理学的动物实验里，能看到不同的养育方式会带来基因的变异。比如，被妈妈照顾得非常细致的老鼠宝宝对压力不敏感，因为它们的大脑中发育了更多的皮质醇受体，抑制了应激反应。而被粗心大意照顾的宝宝则相反，它们会对压力更加敏感。还有更令人惊讶的实验结果，即一个老鼠妈妈因为对压力的敏感而导致了遗传变异，这个敏感体质会传给后面的好几代老鼠。

心理学认为，当你的内在意向发生改变时，外显行为也会随之改变，你的人际关系也会随之改变。心理学还有一个“魔法”效应，即自我实现预言——我们所抱有的信念和期待会影响我们的行为，使行为变得更积极或消极，从而使我们的期待成真。

关于自我实现预言，有一个非常著名的实验就是“罗森塔尔效应”，也称“皮格马利翁效应”。心理学家罗森塔尔和雅克布森对一所小学六个年级的学生进行了一次名为“预测未来发展的测验”，并向任课老师说明测验结果显示有一些学生很有潜力。8 个月之后，对这些学生再次加以测验。结果发现，被期望的学生比其他学生在智商上有了明显的提高。实际上，这些学生是随机指定的。但教师相信了科学家的“测试”，认为这些孩子非常优秀，看待他们的方式也更积极，而学生在教师的期待下，适应能力增强，求知欲更强，头脑也更加活跃。

自证预言效应的影响力因年级差异而不同。最强的自证预言效应发生在小学一年级、二年级和初中一年级。为什么呢？因为一二年级的孩子刚进入学校，对自己的学习能力还不够自信，需要得到老师和父母的心理支持。初中一年级的自证效应可以解释为，在一个老师不熟悉孩子的情境中，老师的观念更容易受到社会影响。老师不知道孩子到底聪明不聪明，如果社会外加的评价说这个孩子聪明，老师就相信了，对待孩子的态度也大为不同，孩子就可能会顺着老师的期待发展。

当我们知道信念是可以影响一个人的学习能力之后，我们就要给自己积极的心理暗示。我们的心智会自动过滤那些与自己预期不一致的特征和信息，同时会无意识地塑造我们的行为以符合预期。如果内心已经预设了“再怎么努力都是没有用的，天生就笨”的想法，一旦遇到困难就会泄气地说：“早知道不行吧，那就算了吧，再怎么努力也是没用的。”如果你相信孩子可以通过努力达到学习目的，那么即使遭到挫败，也会跟孩子说：“这次准备不够，再努力一下，就会成功!”

科学家马特·里德利主张：后天培育依赖于基因，而基因也要求后天培育。人类个体发育既不是完全由先天的基因所决定，也不是完全由后天的经验所决定；基因是个体发育的内在动力，而经验是个体发育的外在约束。对人类个体的发育而言，学习能力是先天和后天的协同作用。所以，相信任何孩子都可以在大脑的广阔天地里大有作为。

肠道是学习的“第二大脑”吗

我的孩子一紧张就拉肚子，问我有没有必要去看医生。我说这是很正常的。大家都知道肠道的消化功能，但其实它对情绪和学习也有影响。

你知道你的肠道有多长吗？

一个成人的肠道全长约为身高的4~5倍，如果把充满褶皱的肠道展开，总面积相当于一个网球场。在这里生活着1000多种、100万亿个微生物，科学家把肠道形象地比喻为世界上生物多样性最强、生命密度最大的地方。

肠道负责人体的消化功能，也是除了大脑之外最敏感的人体器官。肠壁上有1亿个以上的神经元，能够独立运作、发号施令，有人甚至形象地称肠道为“第二大脑”。

科学家发现，影响人类以及某些哺乳动物情感的5-羟色胺、多巴胺，95%是在肠道里合成的，因此情绪会受到肠道神经系统的影响。

肠道和情绪是互为因果的关系。肠道会影响情绪，情绪也会影响肠道。如果肠胃功能紊乱，会出现腹泻、焦虑、失眠、多梦、记忆力减退等症状。如果心情不好，比如紧张、悲伤、愤怒、焦虑、抑郁，也可能导致肠道蠕动增加而腹泻。

有一部电影里的高中女生参加高考，她的成绩很好，但是在最擅长的英语考试时拉肚子了，前前后后跑了三次厕所，考砸了。这样因为紧张导致腹泻的状态，我也深有体会。所以，我会在参加重要的活动之前少吃食物，或者做深呼吸帮助平复心情。

肠道里的微生物也会影响我们的情绪和学习能力。科学家曾经做过一个实验，让老鼠连续吃了几个星期的蛋糕、薯条，然后再来做记忆力的测试。一般来说，老鼠对充满物体的空间很感兴趣，会到处嗅、跑来跑去，探索空间。但是吃了几个星期的垃圾食品之后，原本爱探索的老鼠却失去了活力，对周围环境也不再敏感。因为老鼠持续吃单一的食品之后，它的肠道里的微生物缺乏多样性，进而损害了记忆力。科学家接着给这些老鼠补充高剂量的混合益生菌，老鼠的肠道微生物多样性又回来了，记忆力和敏感度也改善了。

由此可以推断，有的孩子天天在家里喝着快乐肥皂水、吃着汉堡包、打着游戏，越来越不爱动弹，不爱学习，这也可能是肠道微生物群落发生变化，影响了情绪和学习能力。

科学家还发现社交压力也会改变肠道中的细菌数量，那些总是被欺负的压力大的老鼠和那些健康的老鼠有着不同的肠道微生物群落。科学家把压力大的老鼠的粪便喂给没有压力的老鼠吃（老鼠之间有时候会吃对方的粪便），那些原本轻松活泼的老鼠吃了“压力便便”，改变了肠道的微生物群，也变得压力大，还容易出现抑郁行为。

另一项研究发现，肠道无菌群的老鼠被限制活动空间后，会更焦虑。而把正常老鼠的菌群移植到无菌老鼠身体里，它们的反应就和普通老鼠没有什么差别了。可见，肠道菌群可能会影响抗焦虑的能力。

针对人类的研究也发现，抑郁症患者体内的肠道菌群多样性不如健康人。肠道菌群会产生一些潜在影响焦虑情绪的神经递质，比如去甲肾上腺素和血清素。但是改变哪些菌群才会影响情绪，还需要进一步的研究。

心理学家也发现，人在焦虑和恐惧的时候，会抑制消化腺的活动和肠胃的蠕动，感到口渴、食欲减退或者消化不良，而兴奋、高兴的时候会促进唾液、胃液和胆汁的分泌。不同的情绪会引起不同的内分泌变化，从而影响激素的分泌。比如学生在考试前因为紧张情绪而增加肾上腺素的分泌，促进交感神经的活动。肾上腺素分泌不足，则可能显得精神不振。因此，适当的焦虑和紧张，能够让神经系统的张力增加、思考能力亢进、反应速度加快、学习效率提高。但是，强烈持久的紧张、恐惧则会对人的健康造成影响，抑制大脑皮层的心智活动，比如辨识能力、认知能力下降，自制力和学习效率降低。

如何让肠道和情绪都保持良好的状态？先要了解自己的状态，再从多方面做一些调整。想了解自己的肠道是否健康吗？你可以从这几个方面做一个简单的检测。

1. 经常不吃早饭；
2. 经常吃快餐；
3. 经常吃油炸、生冷、隔夜或腌制的食物；
4. 喜欢吃肉，不喜欢吃蔬菜；
5. 经常喝酒过量；
6. 经常熬夜；
7. 不爱运动；
8. 经常感到疲劳；
9. 大便困难，上厕所的时间很长；
10. 有口臭；

11. 容易紧张、烦躁；

12. 放很臭的屁；

13. 容易感冒；

14. 皮肤暗淡无光，容易长痤疮。

以上描述，如果你有一半以上都选择“是”的话，恐怕要关注一下自己的肠道健康问题了。

如何让自己更健康呢？

1. 注重饮食的多样化，不偏食，多吃水果、蔬菜和粗粮，少吃高糖高热量的食物，不暴饮暴食，不吃过冷或过热的食物；

2. 定时排便，生活规律，不熬夜，不轻易发怒；

3. 适当运动，培养一两个喜欢的运动项目，长期坚持锻炼；

4. 学习紧张的时候要学会对自己的情绪进行调节。

心理学家发现人们在面对不同的情绪问题的时候，采用的方式是不一样的，比如愤怒的时候要设法解决问题，悲伤的时候寻求帮助，伤感的时候可能会采用回避的策略，讨厌的时候可以采用忽视的方式。如果长期感觉抑郁、压抑、悲伤，可以向你信得过的人倾诉，寻求老师、父母、社会的帮助，必要的时候一定要寻求专业医生的帮助。

也可以学习调节自我认知，采用更加积极的方式来分析产生了挫折、愤怒、抑郁等消极情绪的事件的原因，积极地从发生的事情中找到可以汲取的经验，对已经犯下的错误不必过于自责。改变认知是一种将积极情绪和社会互动相结合的有益的情绪调节方式，这是两岁以后的儿童都能逐渐学习到的方法。

健康饮食、积极运动、适当发泄情绪、不过分压抑自己……你就能照顾好自己的肠道和情绪，也能在学习方面更上一层楼。

视错觉：眼见未必为实

每年的 6 月 6 日是全国爱眼日。眼睛是人类非常重要的感觉器官之一，我们常说“百闻不如一见”“眼见为实，耳听为虚”，但其实“眼见未必为实”。现在，我们来聊聊有趣的视错觉。

视觉是人体重要的信息收集系统，通常认为人们 80%的外部信息是通过视觉获得的。心理学家甚至发现，人们在观察陌生人的脸 100 毫秒后，就会对对方是否值得信任作判断。但是，眼睛是会“骗人”的，眼见未必为实。比如，人们在视觉上会觉得早上的太阳大，中午的太阳小。这就是一种典型的视觉错误。科学家告诉我们，无论是早上还是中午，太阳都是一样大的。而人们产生视错觉的原因有很多，比如早晨和傍晚太阳光折射明显，中午直射比较多，因此早晨和傍晚看起来太阳比较大。另外，早晨太阳刚升起，地面的背景比较暗，在暗背景上目标会显得大一些，加上人们观看太阳会在无意识中以树木、建筑为参照物，太阳就更显得大，但是到了中午太阳悬挂高空，以空旷的天空为背景，没有其他参照物，太阳就显得小了些。

视觉形成是物体发射或者反射出来的光被人眼的水晶体呈现在视网膜上，使感光细胞感光，再由视神经把信息传递到大脑皮层，经过信息加工处理后形成视觉。也就是说，我们看到的物体是经过了大脑的加工，需要不同的角度、形象和立体感的协同工作，观看的过程就是大脑重新建构的过程。因此我们很容易被视觉系统所“欺骗”，每个人会根据自己的经验和不同的参照物进行判断，加上不同光线、社会文化、心理作用等各种因素的干扰，就有可能产生与事实不相符的错觉。大众在社交媒体上曾经为一条裙子的颜色到底是白金条纹还是蓝黑条纹吵得不可开交。人们通常在日光下可以看清东西，但是日光的颜色会变化，人们的大脑会根据日光矫正这种色差，如果你的大脑认为光源是蓝色，就会忽视蓝色的部分，看到白色和金色；而如果忽视金色的部分，则看到蓝色和黑色。

很多艺术设计就巧妙地运用了视错觉。日本一家咖啡馆的老板曾经做过一个有趣的实验，调配了 4 杯浓度相同的咖啡，但是装咖啡的杯子分别是红色、咖啡色、黄色和青色。试喝过之后，几乎所有的人都认为使用红色杯子调的咖啡太浓了，认为使用青色杯子的咖啡味道最淡。从此这家咖啡厅就全部采用红色杯子装咖啡，利用视错觉节约了成本，还让顾客感觉更满意。这也是雀巢咖啡总是赠送红色的咖啡杯的一个重要原因。

很多国家的国旗采用三色，但是三色并不是等分的。比如法国国旗红白蓝三色的比例是 33∶30∶37，但是我们看起来三种颜色面积是相同的，因为白色给人扩张感，蓝色有收缩感，如果完全按照 1∶1∶1 来搭配三色，反而会让人觉得三种颜色不是等分的了。

艺术家利用视错觉创造出有趣的作品。荷兰的错觉艺术家埃舍尔借助数学悖论创造出一个“不可能”的世界，比如版画《瀑布》中倾泻而下又逆流而上的无限循环的瀑布。很受欢迎的手机游戏《纪念碑谷》也是利用空间错觉创造了一个迷宫世界，里面有很多关卡是向埃舍尔的经典作品致敬，比如颠倒上下的楼梯，你往下走却又回到了楼梯的上面。电影《盗梦空间》也出现了这一楼梯的元素，让人有如梦如幻的感觉。

在教学中，老师巧妙地利用视错觉来让学生不惧挑战。比如，在练习跳高的时候，学生会产生畏难情绪，老师可以适当加大横杆两端之间的距离或者在跳杆下增加一个垫子，让学生感觉垂直高度降低了。再比如，平时在室内做跳高训练，而在室外进行跳高考试，视觉感会比室内开阔，学生会产生跳杆低的错觉，可以降低心理畏惧，不知不觉中提高运动成绩。

总而言之，因为视觉是大脑综合建构的结果，我们看到的其实未必是物体本来的样子，眼见也可能为“虚”。因此，我们要综合运用多种感官来认识世界，人际交往中不要匆忙“以貌取人”。同时也可以巧妙利用视错觉来进行艺术创作、帮助自己学习，学会换一个角度看世界，运用多元思维，清除视觉盲区。

眼睛如此重要，除了眼部疾病之外，现在备受学习者困扰的就是近视率的高发。为什么会近视？除了受遗传因素的影响，环境也会对视力产生影响，比如长时间目不转睛地盯着书本或者电脑，可能会导致近视。

如何预防或者抑制近视的发生发展？有一项研究发现，户外活动时间跟近视风险密切相关。在户外活动时间更长的孩子，即使花更多的时间读书、使用电脑也没有变得近视。有可能是阳光使瞳孔缩小、减少了视网膜上成像的模糊，也有可能与多巴胺的分泌有关系。当然在户外活动的时候，也要注意强烈日光带来的副作用，比如远足的时候要戴上墨镜，涂抹防晒霜，以免受到紫外线的伤害。

不要让孩子躺着看书或者在运动的车厢里看书，不要在光线太强或太暗的地方看书、看电脑。看电脑不可距离屏幕太近，看半个小时到一个小时就要休息一会儿，适当转动眼球、远眺。写作业的坐姿非常重要，常说的“一拳一尺一寸”，即眼睛离书本保持一尺（约 33.3 厘米）距离，胸离书桌保持一拳的距离，握笔的手指离笔头一寸的距离。

眼睛是心灵的窗户，让孩子们保持“窗明几净”，身心健康。

大脑像肌肉，需要运动

我有一个学生朋友最近被学校选入了田径队，每天早上先到学校跑步训练半个小时，再去吃早饭，然后才开始学习。

他妈妈问我："要不要参加，会不会影响学习？"

我说："当然要参加。即使不是为了竞赛，跑步也有诸多好处，尤其是学校免费的训练。"

其实，运动不只有利于身体健康、提升精神活力，还能改变大脑，让你的大脑更聪明。

芝加哥有一所中学做了一项实验，每天早上的第一节课改成"学习准备型体育课"，要求学生早上 7 点到校跑步，用最快的速度跑完 1600 米，然后再上文化课。

你觉得运动之后再上课，孩子们会累得打瞌睡还是精神更好呢？结果显示，运动之后上课的氛围更好，学生的记忆力和专注力都增强了。一个学期下来，这个学校的学生阅读理解能力提高了17%，考试平均成绩超过了全州平均水准，团队协作能力、解决问题的能力也都得到了极大的提升。

这是为什么呢？科学家研究发现，运动可以改变大脑的两个关键区域：第一个区域是前额叶皮质，对决策、专注力、注意力、人格发展都非常重要；第二个区域是海马体，主要负责短时记忆的存储转换和定向等功能。

运动是如何改变大脑的？

首先，运动能马上提升你的专注力和反应的敏捷度，因为每次运动都会让身体产生多巴胺、血清素和肾上腺素，这些都是重要的神经传导物质，会提升孩子的全方位状态。这种效果至少能持续两个小时。只有你坚持每天运动，专注力的提升才能够保持长久。其次，长期运动能够让大脑海马区制造出全新的脑细胞，这里是我们记忆的重要区域。也就是说，长期坚持运动，前额叶皮质细胞和海马体的细胞都会增加，这将改善你的长期记忆力、专注力。想象一下，大脑好像肌肉一样，运动越多，你的海马体和前额叶皮质就会更大更强壮。

哈佛大学医学院的临床副教授约翰·瑞迪长期研究运动对大脑的改变，他认为："运动是天然的健脑丸。以前我们常通过药物的方式治疗精神疾病，比如抑郁症、注意力缺陷及多动障碍，而现在我更倡导用运动的方式强化大脑机能。对正常人来说，同样适用，运动可以让人更聪明。”

芝加哥中学的案例证明了运动可以给我们的身体提供独一无二的刺激，让我们的大脑更会学习。大脑需要很多的神经递质来调节活动，如果大脑失衡就会引发抑郁症、焦虑症和强迫症。很多药物是用来帮助调节神经递质的，而长跑 1600 米起到的效果也是同样的，平衡大脑神经递质的分泌，帮助传达大脑的信息。

长久以来人们认为神经元的数量是恒定的，不能新生。但是今天的研究发现神经元就像其他细胞一样会分裂生长，而运动会促进我们的神经元新生。在一项动物实验里，研究人员把运动和不运动的老鼠困在水池里，测试它们对逃生路线的记忆程度。结果发现，爱运动的老鼠每次都能更快地找到安全地带。解剖老鼠的大脑发现，爱运动的老鼠的海马体里的新干细胞的数量是不运动的老鼠的两倍。

研究结果如此令人惊叹，我们要不要马上让孩子们跑起来？每天跑 1600 米就能变成天才吗？

当然不是这么简单。运动能够产生大量的神经元，而环境优化的刺激有助于神经元的存活，也就是说体育课为我们提供了学习需要的原料，而课堂的学习能够促使新增的神经细胞连接到神经网络里。德国的一项研究也发现人们在运动之后学习词汇的速度比运动前提高了20%。

运动不但能够促使大脑细胞的新生，还能够预防大脑的损坏。20世纪70年代芬兰有一项跨越21年的调研发现，每周至少运动两次的人患痴呆的可能性减少了50%。

如果孩子以前从来不爱运动，那么他对运动很有可能坚持不下去。统计发现大概有一半的人在运动半年之后就会放弃，主要是一开始目标定得太高，运动强度太大。所以，最好的方法是循序渐进，或者是参加集体运动，互相鼓励，有助于坚持。

人类天生就是奔跑者，远古的原始人平均每天要奔跑8000到16000米，所以我们的基因里就有着奔跑的编码。最简单的方法就是从每天步行开始，慢慢提高到中等程度的慢跑。常见的有氧运动包括散步、慢跑、骑行、游泳、健身操、太极拳等。哪怕你和孩子每天在上下班、上学和放学的路上，能多走一段路就不坐车，能走楼梯就不坐电梯，也足以让你们的心跳加快，从而改善记忆能力。

当然，你和孩子也可以选择自己喜欢的其他运动方式，最重要的就是坚持不懈，不断挑战自我，改造身体，改造大脑。

聪明孩子要睡够

你学习效率不好，有可能是没有睡够。

对中小学生睡觉这件事情，国家都要管。2021 年 4 月，中国教育部办公厅印发的《关于进一步加强中小学生睡眠管理工作的通知》，对学生的必要睡眠时间、学校作息时间、晚上就寝时间这三个“重要时间”都作出明确要求，可以看成是对学生的睡眠建议。

根据不同年龄段学生身心发展特点，小学生每天睡眠时间应达到 10 小时，初中生应达到 9 小时，高中生应达到 8 小时。关于晚上的上床时间，小学生一般不晚于 21 点 20 分，初中生一般不晚于 22 点，高中生一般不晚于 23 点。

为什么国家如此重视学生的睡眠时间？因为睡眠是机体复原整合和巩固记忆的重要环节，对促进中小学生大脑发育、骨骼生长、视力保护、身心健康和提高学习能力与效率至关重要。

青少年普遍存在缺觉的问题，绝大部分学生每天睡眠时间不足 8 小时。不只是在中国，全球的青少年睡眠时间都在减少，比如睡眠时间最少的是日本，每晚不足 6 小时。

为什么这么多人缺少睡眠？因为在娱乐和学习面前，睡眠常常被迫让路。很多学生觉得熬夜学习才能够提高成绩，但其实试图靠减少睡眠时间来提高学习成绩是非常不明智的。中国睡眠研究会发布的《2019 中国青少年儿童睡眠指数白皮书》指出，调查了 6 万多名 1～17 岁的青少年儿童的睡眠情况，发现睡眠好的孩子有一半成绩处于班级前 5 名，睡眠不好的孩子有一半在班级成绩排名靠后。睡眠不好会更容易出现情绪低落、脾气暴躁、注意力不集中、记忆力变差、过度焦虑的情况，有的孩子甚至会因此患上肥胖症或抑郁症。

科学研究早已发现熬夜会损害健康、影响智力。加州大学伯克利分校神经科学和心理学教授马修·沃克致力研究睡眠对人体的影响，他著有畅销书《我们为什么要睡觉？》。他认为睡眠是每个人的生存基本所需，也是每个学习者都能拥有的“超能力”。

科学家做过实验测试熬夜读书是不是值得。一群人被分成睡眠组和不眠组，睡眠组得到至少 8 个小时的睡眠时间，不眠组一直待在实验室里，保持清醒，不能打盹儿，也没有咖啡。第二天给他们做核磁共振扫描，并给他们一张清单，请他们记住上面列出的事项。对比数据显示，被剥夺睡眠的人的脑部无法存储新的记忆，两组人员的学习效果有高达40%的落差。

为什么缺少睡眠大脑会发生这样的学习障碍？因为大脑有个结构叫海马体，就像大脑收取资讯的一个文件夹，很擅长接受新的记忆然后存储下来。充足睡眠的大脑显示有很多与学习相关的活动力，可是被剥夺睡眠的人的大脑中找不到明显的脑电波信号。也就是说被剥夺了睡眠的人的记忆文件夹也被关闭了，新的学习和经验无法被有效地记录下来。而睡眠充足的人在深层睡眠的时候，脑电波发挥着档案存储的作用，会把记忆文档从暂时的记忆库里转到另一个长期记忆的存储处，记忆被安全地保存下来。

知道了睡眠的重要性，如何才能够拥有好的睡眠？

首先，要保证睡眠时间。这需要家庭和学校双方面的准备，家长要让孩子提前上床，学校要推迟上课时间。中国教育部要求省级教育行政部门要结合实际统筹安排学校作息时间，小学上午上课时间一般不早于8点20分，中学一般不早于8点；合理安排课间休息和下午上课时间，有条件的要保障学生必要的午休时间。

其次，防止学业过重挤占学生睡眠时间。《关于进一步加强中小学生睡眠管理工作的通知》提出了 3 个“中断机制”，即作业、校外培训、游戏都要为学生睡眠让路。第一个是作业时间“中断”，要求小学生在校内基本完成书面作业，中学生在校内完成大部分书面作业。教师要对此进行针对性分析，加强辅导，如有必要可调整作业内容和作业量。第二个是校外培训时间“中断”，要求校外线下培训结束时间不得晚于 20 点 30 分，线上直播类培训活动结束时间不得晚于 21 点，不得以课前预习、课后巩固、作业练习、微信群打卡等任何形式布置作业。第三个是游戏时间“中断”，要求各地教育部门按照管理权限，会同相关部门采取技术手段加强监管，确保每日 22 点到次日 8 点不得为未成年人提供游戏服务。

有些孩子不是没睡够，而是睡不好。睡眠质量不高，如何改善？判断睡眠是否充足看两点：一个是早上起床是不是很困难，起来后会不会觉得很困倦；另一个是如果没有咖啡、浓茶的刺激，是否能够保证最佳的学习状态。如果起床困难，精神不振，就需要学习一些睡眠技巧。

睡眠专家提出最简单的两条：第一条是建立规律的睡眠时间，包括固定的上床时间和固定的起床时间。无论是周末还是平时，都不要打乱睡眠规律。规律的生活作息可以帮助睡眠稳定，改善睡眠的质量。国外一项研究也发现，不能固定时间睡觉的孩子在阅读和考试中的得分更低。第二条是保持舒适的室温，18 摄氏度左右是最理想的睡眠温度，有助于身体启动睡眠机制。

如果孩子不能保证睡眠时间和质量，需要在睡前作一系列准备工作。第一，列出孩子每天的生活和学习日程，看看能给睡眠留出多少时间。如果睡眠时间不够，就要调整孩子的学习习惯，一定要保证有规律的生活习惯和睡眠时间。第二，睡前三个小时停止吃任何东西，也不要吃刺激性的食物和饮料。第三，睡前不想太多的事情，如果有烦恼的事情就把它写下来。第四，睡前一个小时不要再玩电脑和手机，尽量不要把电子产品放在卧室。第五，睡前做一些舒展运动，保持卧室的黑暗环境。比如挂遮光窗帘或戴上眼罩。黑暗的环境有助于刺激褪黑素的产生。第六，尽量保证每天在同一个时间醒来，逐渐养成自然苏醒的生物钟习惯。

睡眠是大自然赋予我们恢复体力、保持聪颖的灵丹妙药，祝孩子们都做个好梦。

拉住孩子的手：识别求助信号

备受关注的15岁少年胡某在失踪106天之后被发现遗体，经调查认定为其自缢身亡。花季少年的夭折，让人扼腕叹息；真相的浮现，让我们更多地将理性的目光投注到青少年群体的心理健康问题上。有很多类似的新闻，比如孩子跟父母产生激烈争吵后跳楼或者跳桥，他们一跃而下是为了反抗父母，可能那一刻根本没想到自己。我们需要在三个关键时期及时识别青少年的求助信号，减少此类悲剧的发生。

第一个关键时期是新学期开学，这个时候要帮助孩子适应新环境。经过警方的调查和心理专家的剖析，胡某失踪前已经出现了悲观厌世的倾向。他原本学业优秀，升入新学校后排名靠后，曾经一天内三次哭诉不想读书了，也在跟同学、老师的交流中表达过学习压力很大，他的课堂笔记里也留下了悲观的情绪，加上胡某有睡眠障碍，这些都反映了他没能适应新的学习环境。

心理学调查显示，原本表现出色的孩子在升入新学校新年级后，会出现不同程度的学业波动，如果单纯以考试排名来衡量一个人，会让孩子产生巨大的挫败感。心理的问题会在身体上表现出来，比如考试的时候拉肚子、上课的时候难以集中注意力、休息的时候难以入眠，但是这些预警信息往往被父母忽视，或者一味地要求孩子“坚持一下”“适应就好了”。在诸多的青少年轻生案例中，很多父母对孩子的行为感到意外和惊愕，因为在父母的印象中，孩子一直乖巧、努力、上进，没有识别出孩子求救的信号。

在新的学习环境里，给孩子们带来压力的并不只是智力的挑战，更多的是由于过度的期待所带来的紧张、焦虑和恐惧。引发青少年心理问题的除了学业，还有容貌焦虑、校园霸凌、成长期的孤独感。他们除了情绪低落，还有易怒、暴躁的倾向。而这些状态或行为也容易被误以为是行为问题而给孩子们贴上“问题少年”的标签。

当孩子的求救信号被父母忽视，他会认为自己只是一个学习的机器，只是满足他人控制欲的一个工具，进而感到生活毫无意义，人生失去希望。家长要重视孩子释放的信号，不要一味地要求孩子“坚持住”。我们要允许孩子停下来休息、转换赛道、找到缓冲空间，让孩子看到人生的多种可能性。特别是在必要的时候，寻求心理咨询师的帮助。

第二个关键时期是青春期，这个时候要认识到孩子大脑发生的巨大变化。妇联发布的《中国儿童发展状况报告》显示，青少年和儿童的自杀人数占自杀总人数的近 3 成。中国 10~25 岁的青少年，在非疾病的死亡原因中，排名前三的分别是交通事故、溺亡和自杀。

有关心理健康的自杀问题，原因其实非常复杂。就拿青春期来说，下丘脑会释放一系列特殊的激素，这是一个持续 4 到 5 年的漫长过程，大脑会发生一系列变化，这个时期他们会很重视社交和人际关系，但是很多父母更看重学业成绩，阻止或者轻视青春期的社交活动，或多或少会给青少年带来痛苦。

大脑研究表明，青少年如果有足够的时间，也可以像成人一样作出审慎的决定，但是在高压或者冲动之下，会难以控制情绪。尤其是青春期，因为理性大脑的部分还没有发育成熟，他们会感受到更大的情绪波动、更大的恐惧和压力，应对压力、控制情绪的能力要比成人弱很多。成年人觉得无关紧要的事情，对他们来说可能是一个非常痛苦的决定。而且青少年的自尊心非常强，需要好好引导，而非责骂。2020 年，武汉 14 岁的初三男孩，从学校5楼的教室外翻过护栏一跃而下，事发之前，当着同学的面他被母亲扇耳光。一年之后，一直自责的母亲也自杀离世。看似冲动的行为其实是大人不理解孩子的青春期而导致的悲剧。很多时候导火线是一些看起来微不足道的事情，但根源是埋藏更久远的心理因素。

第三个关键时期是孩子倾诉的时候，这个时候要允许孩子表达负面情绪，释放压力，获得安全感。家长漠视孩子发出的信号，往往基于以下几种偏见：认为孩童的世界应该是简单快乐的，跟大人的复杂世界相比不值一提；认为孩子的生活已经很好了，为什么还要抱怨；认为孩子性格不好或者心理太脆弱。成年人认为生活的压力在大人身上，而孩子只需要单纯地处理学习问题，有什么可痛苦的呢。事实上，孩子一样有痛苦。《中国国民心理健康发展报告（2019～2020）》指出，2020年中国青少年的抑郁检出率是24.6%，其中重度抑郁是7.4%。

还有一些成年人认为，自杀是不应该被讨论的，过多的负面情绪的讨论会产生不良影响。统计数据显示，自杀未遂被送到急诊室的青少年中有85%的人没告诉任何人自己有自杀念头，90%的自杀尝试是父母不知道的。为什么孩子自杀之前已经有了长时间的情绪低落状态，而父母却没有察觉？是不是父母对孩子负面情绪流露的否定和批评，阻断了孩子跟父母交流的渠道？孩子一旦发现自己达不到父母的期待，害怕增加父母的负担，也担心自己受到格外的责骂，于是只能默默承受一切，而不知道该如何求助。

研究表明，家长和孩子公开、心平气和地讨论负面情绪，能够促进孩子直面焦虑、抑郁和绝望。在互相的交流中需要注意的是，家长要感同身受地去理解孩子，而不是一味地否定、抹杀。

孩子有负面情绪、身心问题，并不是脆弱，也不是矫情，有可能是成长中正常的情绪反应，也可能是遗传因素和环境因素共同诱发的心理疾病。父母不要觉得孩子的烦恼无足轻重，更不要认为有心理疾病是羞耻的，要耐心地倾听孩子的心声，必要时及时向专业人士求助，陪伴孩子走过心灵的风雨，共同迎接人生的彩虹。

温度、噪声、色彩变化对孩子成长有影响吗

温度、声音、色彩，作为环境因素，或多或少都会影响孩子的学习。如何通过调整适宜的气温、规避噪声、改变家里的色彩空间来提升孩子的学习能力呢？

研究发现，气温不但影响学习热情、学习效率，还会影响考试成绩。哈佛大学曾联合多所大学的学者做了一项名为“高温与学习”的研究，分析了1000万名美国中学生13年间的考试成绩，发现在天气炎热的年份学生们的考试成绩会下降，而在天气凉爽的年份学生们的考试成绩更好。根据研究人员的计算，一年的平均气温每升高0.55摄氏度，学生的学习成绩就会下降1%。天气冷似乎不会影响学习成绩，但是气温超过21摄氏度时，学生上课、做作业更难以集中注意力。一旦气温升到

32 摄氏度以上，学生更容易分心、躁动，难以集中注意力，学习能力下降。

中国学者针对大学生有这样一个实验：在大学教室的学习环境中，利用空调将室内温度分别调节到凉爽环境（ 17 摄氏度）、舒适环境（ 22 摄氏度）和温热环境（ 27 摄氏度）。实验结果发现，温度对感知、思维、学习与记忆均有显著影响，测试者在舒适环境中的学习效率最高。有时候孩子们考不好"赖老天爷"，可不完全是瞎抱怨。

每个人的体质和敏感度不同，对天气和温度变化的本能反应也是不一样的。根据反应强弱，可以分成三种人。第一种是轻微波动型，在天气变化的时候，这种人情绪和健康状况会有波动，但是没有很深的感受。第二种是中度型，比第一种人对坏天气的刺激反应更强烈，会感到疲倦、情绪不好、易于激动、无法集中注意力。第三种是敏感型，因为本身体质不好，当天气突然变冷或变热时，会感到伤口疼痛或者慢性病加重，也会严重影响学习效果。

多注意观察自己，了解自己的体质，根据天气增减衣物，这些都有助于学习。

凡是干扰人们休息、学习和工作的声音，比如车水马龙的声音、娱乐场所的嘈杂声、商家的叫卖促销声，还有家用电器和装修的刺耳的声音，都可以称为噪声。

中国科研工作者拿老鼠做实验，在高噪声环境下，新生老鼠的生长速度和学习记忆能力最弱，对照组的生长速度和学习记忆能力最好。同时研究发现，长期在高噪声环境下工作的人与低噪声环境下工作的人相比，高血压、动脉硬化和冠心病的发病率要高 2~3 倍。早在 2011 年，世界卫生组织在《噪音污染导致的疾病负担》中第一次指出噪声严重威胁人的健康、减少人的寿命。60 分贝（一般车辆行驶的音量）噪声就会影响人类正常的休息和睡眠；120 分贝（电锯工作、一般家用音响设备的最大音量）噪声以上可致聋；170 分贝噪声可致死……对学习者来说，噪声会引起情绪躁动、心情烦躁，影响精神状态和学习效率，造成记忆力减退，严重的甚至损害听力，导致耳鸣耳聋。

根据个人的喜好，学习类型大致可以分成视觉学习型、触觉学习型、听觉学习型这三种。视觉学习型的人观察敏锐，喜欢阅读、看影视作品、关注图片表格信息，听课的时候需要图片或者文字的辅助。触觉学习型的人喜欢与人近距离接触，喜欢动态活动，比如亲手参与各种实验、角色扮演等。听觉学习型的人以听为主，喜欢听故事、音乐，擅长模仿歌曲和旋律，喜欢待在安静的环境中，不擅长肉眼观察事物。

这三种学习者，谁最容易被噪声干扰？研究表明，听觉学习型的人最容易被噪声分散注意力。如果你是听觉学习型，那么你需要选择特别安静的环境学习。

无论是哪种类型的学习者，当然是安静的环境有利于集中注意力。你可以用以下办法来减少学习环境中的噪声干扰。

一是营造安静的家庭环境。比如电器分散摆放，及时排除电器故障，冰箱、烤箱、搅拌器等声音大的电器不要靠近学习区。如果住在临街的地方，可以在阳台上养花草、给窗户贴隔音膜、装隔音窗帘、加隔音窗……都是有效减少噪声干扰的方法。二是学习和写作业的时候尽量不要打开电视机或者手机的娱乐频道，因为旋律、人物对话会不知不觉进入你的脑海，分散你的注意力。三是做最擅长的功课，提高抗干扰能力。当你专注地做最喜欢的事，就可能进入“心无旁骛，物我两忘”的状态，获得一种心理学家称为“心流”（对某一活动或事物表现出浓厚而强烈的兴趣，完全沉浸其中，全神贯注、投入忘我的状态）的体验。在这种状态下，你甚至感觉不到时间的存在和周围环境的变化。完成之后，你会获得高度愉悦的兴奋感和充实感。四是适当补充营养。研究发现，噪声使人体中的某些氨基酸和维生素 B 类消耗量增加。因此，可以适量地补充一些富含氨基酸、维生素 B 类的食物，在某种程度上可以提高人体对噪声的耐受力。

色彩心理学发现，色彩会影响人的情绪和行为。我们不妨学习一点色彩学知识，巧妙地激发斗志、调动积极情绪，促进身心健康。

冷色和暖色带给人的感受截然不同。暖色，包括黄色、橙色或者红色，富有激励性，但是使用过多，会让人感到愤怒和厌烦。如果孩子比较容易疲倦、缺少激情，可以适当在房间里插入一些暖色物件，在潜意识里帮他们点亮心情。

我曾经参观过一所学校。这所学校是一般人认为的“菜小”——菜市场小学，生源普通，校园普通。孩子们学业表现不佳，扰乱纪律的事情时有发生。校长在心理学家的建议下，带领孩子们重新粉刷墙壁，改变深色的墙面，在洁净的白色中适当点缀明亮的色彩。此后，每周进行校园大扫除评比。也许是因为珍惜自己的劳动成果，也许是因为环境的改变带给人潜移默化的影响，学生的不良行为大为改善。

家庭中如何巧用暖色？心理学家金韵蓉建议，如果孩子有单独的书房，书房墙面的颜色最合适的是淡黄色，如果孩子的书房是卧室或者客厅的一角，那么可以把书桌上的台灯灯罩、椅子靠背设置成淡黄色，或者在墙上挂一幅淡黄色的画，都能够引进如同阳光般灿烂的能量。

冷色调会给人一种平静的感受。比如PPT的商务模板首选深蓝色，很多中小学校服也首选深蓝色。很多学校不止一套校服，常常在毕业典礼等正式的场合选用黑色的制服，显得庄重。学生在参加正式面试的时候，穿黑色衣服也能够增强自信心。

绿色，会让人联想到大自然的色彩。在窗台上布置一些绿色的植物，能缓解视觉疲劳。比如龟背竹、鸭掌木等，这些植物的叶子四季常青，而且养护起来也比较简单。我家常年种着高大的常绿植物，每次学习间隙，孩子就看看那些舒展的叶子，放松眼睛，也放松紧绷的神经。中国的公立学校曾经很流行把教室墙壁的下半部分刷上深绿色的油漆，也许本意是为了保护白色的墙面，但是无意识中起到了安定人心的作用。

上面说的冷色和暖色是约定俗成的划分方式。其实，每一种颜色给人的感觉是可以既暖又冷的，这取决于色彩的饱和度、周围环境以及相互的搭配。不合适的颜色就像噪声一样，让孩子心烦意乱，而和谐舒适的颜色能让人放松、平静或激发热情。

研究发现，颜色会影响考试成绩。比如一份试卷，如果分别用红色和蓝色的状态呈现在考生面前，红色组的得分会低于蓝色组，因为红色容易让人产生回避动机（我们对消极刺激的排斥）。但是，如果把考卷内容改成细节指向型任务（主要考查学生对文章中细节的理解能力），那么红色卷面会有助于提高成绩。所以，做笔记的时候最好不要全部用红色笔，需要警示的以及重要的部分可以采用红色标记。

什么样的颜色有利于孩子阅读呢？

我观察过北京的两家儿童主题的书店，其中一家无论是书架区还是游戏区，大量使用浓烈的红色、黄色、蓝色、绿色。另一家书店主要采用柔和的色彩，只在墙面上使用了一条彩虹带，用来引导前进的脚步。这两家书店相距不远，前一家面积远远大于后一家，但是明显第一家书店的孩子不多，第二家书店的地毯上坐着许多看书的孩子。不能不说，色彩也是影响阅读的一个重要因素。

我们也可以通过孩子选择的颜色来了解他们的内心需要。心理学家发现，用绘画来做心理治疗的时候，喜欢用浓烈的红色的孩子渴望得到父母的关注，倾向于使用大面积黑色的孩子情感压抑，可能受到过暴力对待。当然，这些说法都是笼统的，具体问题要具体分析。

空间整理：
让学习效率更高

很多人认为干净有序的环境只属于没有孩子的家庭，一旦有了孩子，书多、玩具多、衣服多，怎么收拾都免不了一地鸡毛。其实，无论房子有多小、东西有多多、孩子有多皮，都有办法让家变大、变美、变整洁，而且整理规划空间，是给孩子养成好习惯的开始。

我在搬家的时候，就带领孩子重新布置自己的空间。我在新家环顾四周，一天之中在哪些事情上花的时间最多？我和孩子经过讨论，发现我们最需要花时间的地方是睡觉和学习。由此我们确定了最重要的家具：一张长一米八的大书桌，两张舒适的床。另外还有两件必不可少的家具：一整面墙的书架，一个解决全屋收纳的大衣柜。一个安放精神食粮，一个收拾物质需要。

带孩子整理规划空间，也不等于要变成杂志上的样板间。有的理论认为过于整齐的环境反而妨碍孩子的创造力。教育家蒙台梭利曾经讲过一个案例，有一位母亲特别在意房间的整齐，孩子跑过客厅踩乱了地毯上的流苏，母亲都会唉声叹气，然后跪在地上用梳子一点点地把流苏梳整齐。这种对整齐的过度追求让孩子变成了空间的奴隶。每个家庭当然可以按照自己的喜好和风格来布置，但应该是舒适的休憩之地、开心玩耍的游乐园，更是愉快的学习场所。

我这一代人经历过物资匮乏的年代，不少父母在自己的成长过程中没有得到足够的滋养，于是带着一种补偿心理尽可能地满足孩子的物质需要。这样一来，买的很多东西堆放在一起，会让有限的空间显得混乱，而且孩子也不珍惜自己所得到的一切。所以，规划家庭的空间是一个选择的过程。在过剩的物质中选择必要的、最美的、最舒服的东西。

说说我家的例子，和孩子经过讨论，觉得学习空间对 70 平方米的小户型来说最重要，于是把客厅和餐厅合并变成书房，没有常见的沙发、电视、餐桌，只有大书架、大书桌以及方便书写的人体工学椅。经过挑选，孩子的四季衣服不超过 14 套（可能男孩的衣物需求不高），既保证了替换，又不至于选择困难。

学具分成三部分，书桌上只摆放当天使用的东西，用完就收拾归纳；书架上的东西分门别类摆放；书桌下有一个布艺篮，放临时需要的或暂时没有分类的东西。书桌旁有小推车收纳各种零碎。书桌墙壁上有一个大洞洞板，悬挂学具，方便随时拿取。

有的家庭有两个或者三个孩子，年龄不同，可能还需要玩耍的地方。你变不出一间房子，还变不出一个空间吗？比如把大沙发换成地垫。再比如孩子有很多东西，需要给他们一些收纳篮，把东西整齐地放在里面并贴上标签，把收纳篮放在床底下方便取出。书籍也不用全部摆放出来，要随着时间进行更迭，每隔一段时间就挑出一些孩子最喜欢的摆出来随时阅读。在孩子的衣柜里就只放他们自己的衣服，全部挂起来，除了袜子、内衣放在收纳筐里，其他的全部一目了然。

无论什么年龄段的孩子都要学习跟他能力相匹配的整理方式，家长要根据孩子的发育阶段，提供给他相应的整理空间和整理工具，教给他整理方法。这样就不至于在上学的时候慌里慌张、丢三落四。整理，不只是营造一个干净整洁的学习环境，更是锻炼空间整理能力、信息筛选能力和对时间的掌控能力，也就是通过整理自己的学习和生活物品来整理纷繁复杂的信息，学会管理好自己的时间，规划好自己的人生。

整理不只是简单的体力劳动，还是深度的认知劳动。哈佛大学的社会学研究者对家务劳动的认知层面进行过相关的研究，把家务劳动分成4个类型，包括预支需求、确定备选方案、作出决策和监控进度。比如下个学期需要准备一些什么样的文具。通常学校老师会给一个购物清单，但这只是辅助工具，更深层次的要求是预知未来学习的大致内容和方向。接下来要分两个方面去准备：一方面是从实体、能够看得见的层面去准备学习工具；另一方面是从思想意识层面的整理，比如对高一的学生来讲，历史学科要有了解、理解到见解这三种思想准备。怎么样去实现它？要在多长时间里实现？不同的时间节点要达到什么样的程度？

因此整理分为有形的整理和无形的整理。有形的整理是我们能看得见的空间，无形的整理是思想的梳理过程，总体来讲是要创造一个舒适的学习生活状态、整洁的空间和有序的时间管理，帮助减少过多纷繁信息的干扰，可以更专注地执行学习任务。

在整理过程中要有意识地认真对待，而不是糊弄、敷衍。日本的研究者曾经进行一项关于家务劳动的研究，看看应付差事和目标明确的打扫对认知的影响有何区别。研究者让年轻的志愿者来实验室打扫两次卫生，第一次目标非常明确，用吸尘器把撒满了纸屑的地板打扫干净；第二次是敷衍了事，吸尘器没有插电，地板本来就很干净，做个样子弄一弄就可以了。之后，对志愿者进行大脑抗干扰的测试。第一次测试卡片的颜色和上面写的字是一致的，比如“红色”两个字就是用红颜色写的。第二次测试卡片的颜色和上面的字不符合，比如“红色”两个字是使用蓝颜色写的。测试者要正确地说出颜色。结果发现明确地去做家务、打扫卫生，大脑执行能力更好，更不容易受到干扰，说出正确的颜色的比例更高。

这个实验可以看出我们教育孩子做空间整理的时候，一定要认认真真地去做，把乱七八糟的衣柜整理好，把脏乱的书桌清理干净，这样不但让学习空间变得整洁，也能够提高大脑的反应速度。

整理的过程是一个培养自在、自信、自立能力的过程。第一，建立起和自己的个性、学习习惯相匹配的学习环境，有利于学习的便捷，比如方便找到需要的学习工具，减少时间的浪费，不至于节外生枝，干扰学习的进度。第二，对生活更有掌控力，增加自信心，确信通过自己的努力能够达成所需要的目标。同时，环境和人是相互塑造的，整洁的环境有助于让人心灵平静、大脑放松，获得安全感，提高学习效率。第三，学习整理的过程也是培养孩子独立能力的过程，如果家长大包大揽，那么孩子就学不会为自己的生活负责。

学习空间整理还有很多的技巧，需要在实践中完善。最重要的是从思想意识上认识到空间整理的意义，这跟自己的整个人生发展是相关联的，认识自己的需求，珍惜自己的所有，追求自己的所爱，达成自己的目标。

舍弃可有可无的，只留下最必要的、最美好的，才能保持身心的愉悦。孩子在一个张弛有度的环境里成长，感受到爱和美，逐渐清楚自己喜欢什么、讨厌什么、珍惜什么，懂得自己是一个什么样的人，平凡的生活也会让人感到内心的富足。

手机是手雷，还是学习助手

现在的学生已经离不开互联网和智能手机了。学生要上网查资料、手机交作业，那么他们到底是在学习还是在摸鱼？到底是提高了效率还是降低了能力？不少家庭常常因为孩子过度使用智能手机而发生争吵，有的家长说："手机就是祸害。这哪是手机，分明就是手雷！把家都炸得稀里哗啦，学习也一塌糊涂！"

每个家庭都面临着移动互联网时代智能手机带来的挑战，就像上一代人面临的电视机带来的挑战一样。其实，智能手机的存在已经是不可改变的事实，作为家长，无论多么讨厌和抱怨，都不能改变新技术带来的巨大的学习变革。

我小的时候，电视机对于我来说具有极大的诱惑。有时候家长在客厅看电视，我在卧室写作业，于是我就利用玻璃镜反光偷看电视节目。暑假趁大人上班的时候看电视，在家长突然回来的时候赶紧关闭电视机。那时候的电视机散热不好，看的时间长了会发烫，大人用手一摸就会发现电视机“运行了”不短的时间。但是，我也没有因此影响学习。相反，小时候看过的电视节目在我心中种下了种子，长大后我从事了新闻媒体工作。

今天的情况要复杂得多，网络的海量信息远远超过电视。并且网络的互动性很强，各种游戏、短视频带来的即时快乐太迅速了。如果在现实世界没有朋友，没有爱和温暖，这样的孩子就很可能沉溺于虚拟世界。

儿童心理学家鲁道夫·德雷克斯说：“我们不能从孩子的生活中删除什么内容，因为这是在把自己的意志意愿强加给他们，但是我们可以用更有趣的事情影响孩子。”良好的家庭关系才能更好地引领孩子。

我的家庭也有智能手机的使用问题。我的解决方案有两个。首先要对智能手机问题达成共识：什么时间用？用它来做什么？如何监督执行？如果孩子已经同意了，就要用坚定的态度去执行。要用行动落实而不是语言抱怨。比如孩子看手机影响了睡眠时间，就提醒一下孩子现在该做什么了，让他们自己想出解决的方法。如果是很小的孩子，不用讲道理，而是平静地带孩子去睡觉。大吵大闹或者指责孩子不守规矩是无济于事的。

其次要充分信任孩子，电视、网络、智能手机本身不是问题。这些东西引起的挑战其实是父母和孩子之间的信任及合作出了问题。核心思想在于共同遵守规则而避免权力之争，很多家长的恼羞成怒是认为孩子沉迷于手机、不听自己的话。

我们不可能把手机挡在孩子的世界之外，也不可能做到让孩子完全不受网络的影响，但是我们能够培养孩子的品位和判断是非的能力，最重要的是学会跟孩子交流，倾听孩子的想法。听孩子说说对手机有什么看法，对生活和学习有什么影响。正如鲁道夫·德雷克斯所说："引导孩子去思考，胜过把答案直接交给他。"

我们要和孩子一起消除智能手机和网络带来的负面影响，同时我们也要重新思考智能手机和网络对学习的全新影响。

心理学教授艾莉森·高普尼克借用了"文化棘轮效应"来形容网络对新一代人的积极影响。通过社会学习，人类能够不断地改进自己的文化产物，并一代代地传承下去。这是一种累积演化效果，最终提高了自身的适应性，这就是棘轮效应。新一代人可以向上一代人学习，从观察和见证中迅速模仿和继承父辈的技术，同时在此基础上进行创新。祖辈的新兴发明对新一代人来说不过是生活的常识。就好像对于智能手机和平板电脑，现在很小的孩子都能轻而易举地上手操作，而年纪越大的人越难掌握这些电子产品的运用。

“00 后”生下来就被数码科技所拥抱，而许多成年人是数码时代的移民，他们从小就处于纸质阅读时代，所以成年人对数码时代有过高的焦虑，甚至将这种焦虑投射到孩子身上。比如，担忧沉迷于智能手机会导致孩子丧失专注力。但是不妨换一个思路，今天课堂上要求的这样高度集中的注意力是近代文化的产物，在更古老的时代，比如狩猎时代就需要眼观六路、耳听八方的那种专注的方式。不同的时期和不同的环境，会有不同的专注方式，它们都是自然而然有价值的。

在我们理解了新的技术不可避免影响学习方式后，就要去接纳和研究新的学习方式和与之相适应的能力。当我们在担忧孩子会沉迷于智能手机的网络世界时，却忽视了他们正处于技术和文化变革的前沿。他们不仅要利用智能手机学习，还通过手机社交、娱乐、游戏，甚至发展新的文化。

孩子们用智能手机时会涉及安全性问题。比如，如何保护自己的隐私，不要在网络上暴露自己的真实信息？如果你遇到网络暴力，应该怎么处理？有一次，我的孩子遇到了网络暴力攻击，他当时选择了保留证据向管理员举报，结果是攻击者被封号处理。网络的交流方式，虽然不能面对面进行，即使是匿名，也依然需要尊重他人、善待他人、保护自己，这些社交规则和现实世界是一样的。

有的年轻人还利用科学技术解决网络存在的问题。比如，美国科罗拉多州的青少年自杀率是全美最高的，大部分自杀的是女孩，40%的原因和网络霸凌有关系。针对这种现象，15 岁的印度裔女孩吉坦贾莉·拉奥专门开发了一个应用软件和网络插件，青少年用户在安装软件之后，如果发送霸凌的言论，软件就会弹出一个窗口，提醒用户的信息包含霸凌信息，语言需要重新编辑。这个软件让上网的青少年能够反思自己的不当言论，并给予他们纠错的机会。

如何在网络时代更好地实现个性化的学习？完全可以利用大数据，根据自己的程度匹配不同的教育资源，获得更多个性化的课程选择。比如同样是讲课文，在网络上已经有很多的资源，如果老师不只是简单地把课堂教学搬到线上，而是在海量的网络资源中做更多细致的工作，筛选出讲座、游戏、影视、科幻、动画片等不同的学习材料提供给学生，学生根据自己的程度去选择，相信学习效果会更好。

当然，还要认识到，网络学习目前无法完全取代学校教育。因为在校园不只是学知识，还有很重要的“同伴学习”和“校园文化”。互动不只是文字、语音，还有很多的信息是通过肢体语言、面部微表情来传达的，这些都只有在现实生活中才能学习到。甚至世界名校的网络课程，也无法完全留住学生。比如，斯坦福大学提供的人工智能课程吸引了 16 万名学生注册，但只有 20%多的学生完成了课程；麻省理工学院的一项在线开放课程也有近 16 万人注册，但实际完成课程的只有 7000 多人。因为一个学习者除了希望学到知识，还希望体验校园文化，在实体学校的人际互动是线上课程无法替代的。

这是一个前所未有的时代，技术的发展为教育的普及插上了翅膀，也给教育方式带来了前所未有的冲击。如何利用手机信息大数据等多种渠道全面了解学生，理解其内在兴趣，并提供适当条件，以促进学生的自发的有意义感的学习，提高学习者的自尊，挖掘每个人生来就有的学习潜能，而不是以强制手段，否定、扭曲、抹杀其本性——这一切值得我们思考。

人本主义心理学有一个重要的观点："重要的不是发生了什么事，而是我们对所发生事情的态度和看法。"一旦认识到在大环境变化的情况下，你依然可以选择自己的生活方式，那么你就能获得新的学习和成长的机会。

深度的玩耍、适当的偷懒

玩耍和偷懒好像是两个对学习没有什么意义的词汇，今天我们就来说一说深度的玩耍和适当的偷懒，是如何对学习有帮助的。

游戏在儿童成长发展中的重要意义，已经被教育学界广泛认可。多元智能理论的创始人加德纳说："有益的游戏是孩子了解自己和周围世界的主要方式，也是家长和孩子建立亲密联系的好方法，良性的游戏互动能够帮助儿童的情感和情绪健康发展。"游戏能促进情感发展以及智力发育，能让孩子得到更好的成长。

今天的孩子处于前所未有的智能电子时代，大数据、人工智能、虚拟现实以及不断涌现的新技术让游戏的发展更迅速，而游戏让孩子通过体验去想象、创造、验证自己的假设，把头脑锻炼得更加灵活、全面，也更能提升他们适应未来快速发展所需要的各种能力。

加德纳认为并不是任何形式的玩耍都对身体健康或学习有益。只有“深度玩耍”才更有助于身心发展。深度玩耍包括五大要素：自我指导、内在动机、想象力的运用、过程导向和积极的情绪。

深度玩耍第一重要的是由儿童自我指导，并跟他人互动。在这个过程中就会存在着多种的丰富体验，包括成功与失败、规则与自由、方法和结果。在深度玩耍中，孩子对过程中发生的事情采取主动和负责任的态度，大人只是为孩子们提供全面的指导和支持，足够安全的环境、材料和项目，让孩子们自己按照自己的节奏玩耍。自我指导是儿童在玩耍中应该不断发展的一个重要能力，包括了自我调节、反思和执行控制，这都是高阶学习的基本要素。

孩子玩耍的内在动机是他们喜欢玩耍。孩子既要有能力发起指导自己的行为，也要有能力去完成行为，同时能够和他人在玩耍中建立起稳定的关系。这样的内在动机才能够推动孩子对学习真正有兴趣，而且会激发出好奇心。研究表明，好奇的孩子比那些不好奇自己做的是什么的孩子，学得更多，记得更好。内在动机有助于让孩子进行高层次的学习，找到自己的才华和激情，而不是为了得到老师、父母的奖励。

我们总是希望能够培养孩子的想象力，跳出思维定式，创造性地解决问题，但是标准化往往是想象力和创造力的敌人。假装游戏和想象游戏就是让孩子发挥想象力的游戏形式。正如教育家苏霍姆林斯基所说："孩子们通过玩耍发现世界，展示他们的创造能力。没有玩耍，完全的智力发展是不可能的。玩耍是一扇敞开的巨大窗口，富有生命力的概念和思想由此注入孩子们的精神世界。"

孩子在深度玩耍时，要享受活动本身，而与活动结果无关。不要过分指导孩子，也不要根据结果来判断玩耍的价值。孩子在与游戏伙伴的互动中寻求自我的存在，同时也丰富和完善了孩子的自我意义。让孩子自己充分享受玩耍的过程，获得一种沉浸的乐趣，这样有希望和爱的流动的感觉，会激发出积极的情绪体验，获得一种巨大的成就感。这种在真实的游戏里深度体验到的喜悦感，跟在电子游戏里体验到的喜悦感是不一样的，它来自对物质客观世界和对社会关系的探索和发现，将真实的经历最终转化为知识和能力，通过自己的真实的接触来调整对世界万物以及人和人之间关系的认知。

很多孩子都离不开手机游戏，但人和人之间的互动关系是电子产品所无法代替的。我们倡导"用书来代替电子书，用大自然和体育活动来代替电视"。简言之，现实生活中的可以深度玩耍的游戏，对孩子有非常广泛的益处。

我们这本书一直在谈学习，但如果孩子们一周七天每天起早贪黑就是为了朝着一个学习目标奔跑，早晚会累趴下。即使勉强跑下去，一旦被限定的道路变得无比狭窄，或者换一条跑道，他们就会无所适从。适当的时候偷点懒是为了更好地学习。

心理学研究发现，严格的自律如果是出于外部的要求，一旦做不到，就会产生对自我的强烈谴责，并且陷入深深的羞愧和厌恶。以学习成绩为唯一导向的学习者甚至会逃避学习。可持续性的自律才是促进学习的好方法。

如何形成健康的可持续性的自律？

第一，要整合外部要求和内在需要。比如现在高考加大了语文的分值，为了提高语文学习成绩，就必须长期坚持阅读。如果老师要求学生每天要看一本书，并上交阅读笔记，这就成为硬性的任务，可能会导致学生厌倦阅读。如果老师不是布置作业，而是激发学生把目标调整为通过阅读提升自己的认知，并采取一些有乐趣的方式，学生认同阅读乐趣，才更容易持续进行下去。

第二，对自己的努力表示肯定。认可自己做的每一点微小的进步，经常在心里鼓励自己。考试是生活的一部分，但不是学习的全部，某一个学习任务完成得不理想，不等于人生的失败，可以下一次再继续努力。

第三，根据情况的变化调整对自己的要求，给自己留出放松的时间。比如，孩子在节假日的时候不必每天都严格作息，要有一些休息和娱乐时间。

认知科学认为，如果人长时间执行一项任务，大脑会逐渐适应这种持续的刺激，会对工作目标失去活力，注意力也会减少，但是短暂的注意力转移可以让大脑再次被激活。研究者测试了学生在不同的条件下执行一项具有重复性的计算机任务的能力。实验持续 40 分钟，有一组学生可以中途短暂休息两次，另外一组学生不可以休息。短暂休息的学生能够对任务保持专注，而不允许休息的学生注意力出现下降。

其实，当人们适当放松之后，反而能够提高记忆力和创造力。脑电波研究也发现，人在放松的情况下，大脑并不是不工作了，而是处于一种分散模式，有助于激发创造力。比如，写作文的时候卡壳了，可以看些课外书或者看一集喜欢的影视剧，可能就会有好的思路。

心理学有一个词语叫作“心理解脱”，意思是人们在应对强大的压力的时候，会借助一些偷懒的手段，其实是有一个精神的缓冲期，避免遭受更严重的消极后果。

对于老师和家长来说，给孩子留出适当的空间和时间都是符合人性和科学的。在鼓励孩子奋进的同时，允许适当“偷懒”，劳逸结合，给孩子一个发呆的空间和一段自我摸索的时间，让他们有自主选择的权利，孩子才能葆有蓬勃的生命力和不竭的创造力。

心理健康：
不容忽视的力量

现在越来越多的家长开始重视孩子的心理健康。所谓心理健康，指的是一个均衡的状态：性格良好、智力正常、认知正确、情感适当、意志合理、态度积极、行为恰当、适应力强。然而，这是理想状态，现实中的心理健康是什么状态呢？

中国科学院心理研究所发布了我国第一部“心理健康蓝皮书”《中国国民心理健康发展报告（2017~2018）》。报告指出，青少年阶段（12~18岁）心理健康指数随年龄增长呈下降趋势，初一学生心理健康水平最高，初二、初三学生次之，高中学生最低。

美国的相关调查发现有1/3的大学一年级学生受到中度至严重的焦虑或者抑郁症的困扰，并求助于心理健康诊所。据中国媒体报道，中国青少年的抑郁检出率24.6%，接近1/4，当然抑郁症状并不等于抑郁症，如果长期陷于抑郁症状并严重影响学习生活，这就需要让医生来诊断是否患有抑郁症。

抑郁症并不是简单的坏情绪或者性格内向，而是一种身体需要得到治疗的疾病。也许有人会觉得：青少年抑郁症的数据是不是被夸大了？事实上这是因为人们的观念问题，导致青少年的抑郁状态和抑郁症长期被忽视和掩盖。抑郁的青少年往往被贴上“内向”“不合群”“孤僻”的标签，他们自己也会有病耻感。

进入青春初期，青少年的自信心往往会暂时减弱，对自己的外表感到不满，怀疑自己的能力，对自己的受欢迎程度感到忧虑。同时他们的自我意识也在增强，他们会想：“我能做到吗？我看起来很愚蠢吗？我能交到朋友吗？别人会怎样看待我？”他们甚至会经常焦虑、脆弱，喜怒无常、生闷气、脾气暴躁。这些青春期的反应都是暂时的，随着自尊心趋于稳定，自我价值感会再次增强。

如何区分青春期的正常情绪问题和心理问题呢？《中国国民心理健康发展报告（2017~2018）》提出可以自测的四个方面：

1. 情绪：看情绪是否正常，是否有过于严重以及持续时间过长的负面情绪，如恐惧、担心等；

2. 思想认知：脑力是否迟钝，记忆力是否明显下降；

3. 行为：是否正常饮食、睡眠，在工作、娱乐方面是否出现问题；

4. 社会功能：是否能像正常人一样生活、工作、学习。

抑郁症的发作原因是多种多样的。比如，电影《深海》里的女主角参宿的父母感情不和、长期争吵而离异，失去监护权的母亲对孩子越来越疏远，拥有监护权的父亲再婚生育二胎之后忽视、冷落了参宿，她在缺少陪伴、安全感和母爱的情况下产生孤僻情绪。参宿在生活上不缺衣少食，也没有受到肉体的虐待，但是在情感上，她认为自己被抛弃了，而且归咎于自己的问题。作为一个未成年人，参宿无法处理自己复杂的情绪。她需要爱和安全感，却不得不将渴望深深藏在心底，患上了抑郁症。

生活中不一定会出现像电影这样戏剧化的情节，抑郁症的发病也不是简单的因果关系。但是，如果父母跟孩子之间缺少沟通、情感冷漠，或多或少都会影响青少年的精神状态和心理健康。因此，我们呼吁理解、尊重、陪伴抑郁患者，他们的身心痛苦需要被看到、被关爱和治疗。一旦孩子出现长期的抑郁状态，一定要带他们去正规医院进行鉴定和专业治疗。

成年人如何帮助青少年？首先，要关注成年人自身的心理健康。《中国国民心理健康发展报告（2017～2018）》指出教师的心理健康水平呈逐年下降趋势，主要问题就是抑郁和焦虑。如果成年人都没有足够的心理健康状态，怎么能帮助青少年呢。其次，父母对青少年青春期的状态不要反应过度，做一个耐心的倾听者而不是说教者。一旦发现青少年和之前的状态不一样，比如整晚看电视、不愿意按时起床、白天睡觉、对一些令人愉悦的休闲活动也丧失了兴趣、不愿与朋友交往、缺课逃课、对学习感到无聊——这些可能不是品行问题，而是他们的心理出问题了，这个时候需要的不是指责、批评，而是帮助、治疗。

青少年也可以学习一些心理健康知识：

1. 养成规律的生活作息习惯，建立安定感；

2. 学习适当的方式宣泄情绪，比如感到愤怒可以做深呼吸，让激动的情绪刹车；坚持一项自己喜欢的运动，释放压力；选择一个感兴趣的艺术课程来释放自己的情绪，画画、写作、唱歌、跳舞都可以；

3. 对自己做积极的心理暗示，相信办法总比问题多；

4. 和信得过的人充分沟通，倾诉自己真实的感受，减轻心理压力；

5. 学习心理学相关的知识，了解自己的内心。

还有很重要的一点是，要将身心疾病看成人生的指南针。

只要能面对问题，其实就没有那么可怕了。最大的恐惧是在人的想象之中。外行的人总认为必须先克服恐惧才能行动，专业的人知道恐惧是如影随形的。这个世界上并不存在无畏的战士，只有知道恐惧而依然选择上路的勇士。在成长路上总会有各种各样的绊脚石，但是只要开始行动，恐惧就会往后退。

人生总有起落，但是低谷不等于一无是处。得到适当的喘息，熬过最难的时候，行动起来就会出现转机。

一旦成年人或者青少年自查感觉自己心理有一些问题，就有必要主动寻求专业人士的帮助，该吃药吃药，该住院住院，生病治病不丢人。

助人为什么会快乐

人们天生喜欢乐于助人的人。美国心理学家通过实验证明，6 个月大的婴儿就能明辨是非。在一项测试中，科学家用玩偶对着 6 个月到 1 岁的婴儿表演“爬山”的短剧，一个玩偶帮助别的角色爬山，而另一个玩偶则把爬上山的角色推下去。所有婴儿都明显愿意靠近“乐于助人”的玩偶，远离“捣蛋”的玩偶。其他类似的实验也得到同样的结果，帮别的角色开箱子、传球的玩偶都比“捣蛋”的玩偶更受婴儿的欢迎。

今天，我们打开手机新闻，似乎看到的多是惊悚的新闻，但其实人性的光辉无处不在。2022 年 2 月 22 日晚，湖南永州暴雪，高三女生邹婉婷在放学回家时遇到一棵倒在路上的大树。为了疏导交通，邹婉婷连拖带拽，一点一点地搬动大树，期间有不少路人也加入了搬树的行列。女孩搬树的视频在网上走红，引发众人点赞。2 月 28 日，女孩获得正能量奖金 5000 元，她让我们在不经意间看见了美好的未来。

从进化心理学来讲，我们的大脑天生是利他主义的。人和人之间的相互帮助首先是亲人之间的帮助，因为我们跟有血缘关系的人之间共享很多基因，帮助亲人就是在帮助自己，哪怕个人的利益受到了一定的损害，但是促进了其他亲人的基因更好地传播，对基因来讲这就是合算的，因此自然选择会青睐有互助基因的人。

随着社会的发展，我们遇到的很多人跟我们没有直接的血缘关系，但是互助的社会规范可以帮助我们从其他人那里得到回报。即使没有回报，助人这一行为本身也能给自己带来快乐，让我们身体更健康、情商更高、社交能力更强。助人为乐，实际上是人类集体智慧挑选的一套强大的生存哲学。

助人为乐并不是一种道德的说教，科学研究证明了善意的人更受欢迎、更有创造力、更充实快乐，也更能够面对生活的变化无常。神经学研究显示，对他人的痛苦和快乐感同身受是大脑固有的能力，送出礼物和收到礼物同样使人快乐。哥伦比亚大学的邓恩教授曾经请全世界50多个国家的孩子报告最开心的事情是什么，排在第一位的是和朋友分享玩具。把玩具分享给别人，看起来拥有的物质变少了，但实际上增加了幸福感，而且良好的人际关系，也能让人们从别人分享的资源中获益。

帮助他人，要付出时间、心力、情感，甚至金钱，但是并不等于完全牺牲自己，甚至有时候帮助他人，得到更大收获的是助人者。比如，老师常常会让优秀的学生与学习吃力的学生组成学习对子。目光短浅的家长可能认为会耽误自己孩子的时间，然而事实证明，凡是能够当“小老师”的学生，成绩都更为优异。因为帮助他人的同时是再次学习和梳理的过程，学会了归纳、总结，寻找重点和难点，比仅仅自己做题理解得更为深刻。当“小老师”也会有一种成就感，促使他们更加主动、自觉地学习。《礼记·学记》早就说过：“是故学然后知不足，教然后知困。知不足，然后能自反也；知困，然后能自强也。故曰：教学相长也。”教和学是相辅相成、互相促进的。助人与自助也是相辅相成的，帮别人也是帮自己。

现代社会每一项工作都需要跟他人有千丝万缕的联系。对一个孩子来说，能够慷慨地与他人分享，善于与人协作是重要的品格，也是奠定其未来事业发展的重要基石。

乐于助人，是一种值得赞赏的美好品德，但同时也要注意在教育孩子的过程中认识常见的思想误区。

一是形式主义。我小时候既期待又担心“学习雷锋日”的到来，期待的是因为这一天通常会停课，组织学生上街去做好事，就好像得到了一个假期，担心的是回来要写一篇作文。因为同学们一起做好事，但要挖空心思写作文，所以就有了这样的笑话段子：小明写的是扶老奶奶过马路，小王写的是扶老奶奶过马路，小红写的也是扶老奶奶过马路。老师问你们为什么都要扶老奶奶过马路，他们回答："因为老奶奶不肯过马路，我们得三个人把她架过去。"有时候为了完成任务就会脱离生活的实际情况，甚至出现荒诞之事：学雷锋日这一天，养老院的老人被志愿者洗了7次脚。所以，做好事不能是为了完成任务、应付差事而做。

二是不合人情。我们在谈论美好的品德的时候，不能要求孩子或者成年人，为了一个看似很崇高的目标而牺牲具体的个人。推己及人，扪心自问，我害怕什么？向往什么？我不希望别人对我做什么？己所不欲，勿施于人。即使我个人愿意牺牲，任何人也没有权利要求别人超越个人能力和法律规定来做什么事情。比如，未成年人为了救火而牺牲，或者不会游泳而去救溺水者，结果自己再也没有上岸。今天我们已经达成共识，未成年人的生命权、健康权是最重要的，教育孩子乐于助人首先是要保护好自己、远离危险，其次是要学会寻求专业人士的帮助。

阅读障碍的不懂与懂

中央广播电视总台央视综合频道节目《朗读者》曾来过一个特别的朗读者——萧敬腾。他是一位歌手，在舞台上朗读了自己写的书《不一样》，讲述了自己身为一个阅读障碍者的成长故事。这让更多的人知道了“阅读障碍”这个词。

阅读障碍被认为是在中国儿童群体里非常容易被忽视的心理问题之一。研究表明，中国有10%的中小学生存在不同程度的阅读障碍，但是常常被误认为是懒惰、不专心、学习能力差。其实有阅读障碍的孩子智力是正常的，但是在大脑结构、大脑的功能以及大脑功能的连接方面都跟其他孩子不太一样，导致他们表现出诸多问题：刚学过的字就忘，读到句尾忘了句子的开头，经常把形近字搞混、颠倒顺序，阅读很慢以至于难以完成作业和考试，文字都认识但是难以理解全文。比如，萧敬腾从小就听不懂成语，连漫画都不知道从何看起，电影字幕要看10

遍才能理解……而最痛苦的并不是障碍本身，而是别人的不理解，他小时候无法分辨洗发水和沐浴露的标签而弄混瓶子，总是被家人骂故意捣乱。他在学校也被认为是坏小孩而遭到惩罚。

看到这里，你是否开始怀疑自己的孩子理解力很差，会是阅读障碍的原因？不要轻易判断孩子有阅读障碍。诊断阅读障碍需要经过严格的专业测试，不要简单地对号入座，有些孩子只是阅读困难，还没有到障碍的地步，也希望老师和家长尊重每个孩子的发展差异，给予相应的帮助。

即使是孩子被诊断为阅读障碍，也不要心灰意懒。对于有阅读障碍的孩子，最重要的一点是大人要理解孩子的学习困难。不要轻易给孩子贴标签，如不努力、智商低、学习能力差，坏孩子。很多有阅读障碍的人其实非常聪明，甚至能够把自己的劣势转化为优势，比如从不同的角度看事物的能力，有很出色的艺术和空间能力，善于发现适合自己的学习方式。

萧敬腾认为“我的缺陷，成就了我的动力”。他在学习传统的阅读知识方面很吃力，被认为是学习不好的笨蛋，因为考试成绩不好常常被老师惩罚去洗厕所。可是他不怕脏、不怕臭，把厕所洗到每一块瓷砖都铿光瓦亮的，干净得让每一个来厕所的同学和老师都吓一跳。这说明萧敬腾是一个动手能力很强的人，适合用动手操作的方式学习，而不是安安静静地坐着阅读。

国外很多表演艺术家也有阅读障碍，比如汤姆·克鲁斯从小读书就记不住内容，看完之后脑海里一片空白，勉强混到高中毕业。他想要从事演艺事业，但是阅读剧本也有困难，他想了一个办法，找到适当的时机，跟电影导演和制片人聊电影中的人物，然后试镜的时候把他们的观点用上去，用这个方法得到期待的角色。他不断改进学习方式，磨炼演技，挑战自己，成为影坛上耀眼的演员，实现了用表演来传达无法用文字表达的情感。汤姆·克鲁斯还担任好莱坞教育和阅读写作基金会的董事，帮助学习上有困难的孩子摆脱困境。

天生少了一条路，就要想方设法开辟更多的道路。因为阅读障碍造成了困扰，萧敬腾就开始学习在不使用文字的情况下，如何与别人交往、认识世界、传递自己的情感，他不善于读和写，那就唱出来、画出来、演出来。

对于有阅读障碍的孩子，大人要给予及时的诊断，并帮助和鼓励他们换一种方式学习，也许缺陷会成为他们的优势。比如，阅读能力弱的孩子，也许他很善于听。他们可以不是一个高效的阅读者，但可能是一个高效的听众。比如，大卫·博伊斯患有阅读障碍，但这不妨碍他成为一名出色的律师。博伊斯在出庭的时候，遇到一个念不出来的单词，就会停下来像个小孩一样拼出那个词，但是他在盘问证人时表现得非常完美，因为他不会错过证人措辞的任何细微的变化。他在向法官陈述的时候也非常简洁明了。博伊斯认为，因为他的阅读能力不行，所以只能通过专心地听讲、问问题来学习，这就意味着他必须简化问题，直接提取问题的本质。

2019 年诺贝尔化学奖得主之一约翰 · 古迪纳夫获奖的时候已经 97 岁了，他从小就有阅读障碍，父母关系不和睦，他童年唯一的玩伴就是一条狗。考大学前父母离婚了，他父亲只给他 35 美元的学费，而他当时攻读的耶鲁大学的学费是 900 美元，他靠自己做家教付学费。因为经历了“二战”，他 30 岁才拿到博士学位，年过半百才开始正式研究电池材料。58 岁发明钴酸锂电池改变世界，75 岁以磷酸铁锂电池再度改变世界，90 岁以后开始研究全固态电池。97 岁高龄，依旧每周上班 5 天。古迪纳夫就是一个典型的终身学习者。即使有阅读障碍又有什么关系？获奖只是评价的一个尺度，并不是每个人都能够成为诺贝尔奖得主，但是秉承终身学习探索的精神，同样能够拓展生命的深度和广度。

教育就是要因材施教，根据每个人的特点进行个性化的教育，发挥孩子的长处。愿每一个不一样的孩子都能够被理解，每个人都能找到自己存在的意义。

第三篇

综合素质的学习技能

写作力：故乡和阅历的积淀

在著名作家沈从文的墓地碑石正面，集其手迹曰：“照我思索，能理解我；照我思索，可认识人。”碑石背面是沈从文姨妹张充和撰联并书：“不折不从，亦慈亦让；星斗其文，赤子其人。”短短几行字，引导着后辈追寻文字背后的故事。

沈从文出生于湘西的军人世家，偏远的湘西与城市生活隔绝，也是陶渊明笔下桃花源避难之所，优美的自然环境、悠然的生活和神秘的地方传说，构成沈从文独特的成长环境。

沈从文 6 岁开始进入私塾读书。启蒙的学习内容先是《幼学琼林》，而后是《孟子》《论语》《诗经》。私塾的启蒙教育重在识字与背诵，至于章句的意义，学生是否真的明白，照例不大过问。按规矩，凡是学生该认识的字认不得，该背诵的书背不出时，就由学生自己将凳子搬到先生面前，让先生按在凳子上打屁股。由于上学前已认识不少字，加上记性又好，沈从文遭受这种待遇的“机会”比其他同学要少。

平平静静地度过起初半年的私塾生活后，那里再也引不起沈从文的半点兴趣。他逃学了。第一次逃学是在外面看了一整天的木偶戏。那场面，那气氛，那情景，让他着了迷。然而，沈从文逃学终于被家里发现了。父亲吓唬他说，如果再逃学就要砍去他的一根手指。为了保住手指，他乖乖听话，但是很快又跑向了他最爱的田野。旅美作家聂华苓在《沈从文评传》一书中写道：“那风吹过的田野，即使在他小时候也在教他一种将来文学生涯中要使用的语言。”

沈从文在逃学中开始了他的作家学徒生涯，“溪流比课本好玩多了”。他在山里玩耍，在河里游泳，一玩就是半天，是水教会了他认识美。上学路上的闲逛让他认识了多姿多彩的街市。成长期他各处看，各处听，各处闻，他记得蝙蝠的声音，记得一只黄牛被屠杀时喉咙中叹息的声音，记得黑暗中鱼在水中微小的声音。《沈从文评传》写道：“逃学的沈从文不会忘记肉铺里的一滴血、尸首的一根毛发，以及一根粉条、一块铁屑、一缕汉麻、一滴汗珠，甚至是铁匠的铁砧里发出的一线微光。每一次经历都会成为他皮肤的一层，是他重要财富的一部分，他就像守财奴一样囤积着每一枚硬币、废脚料和小玩意儿。”

沈从文在一篇文章《我的写作与水的关系》中清点了这些财富，他说："我虽离开了那条河流，我所写的故事，却多数是水边的故事。故事中我所最满意的文章，常用船上水上作为背影，我故事中人物的性格，全为我在水边船上所见到的人物性格。我文字中一点忧郁气氛，便因为被过去十五年前南方的阴雨天气影响而来，我文字风格，假若还有些值得注意处，那只因为我记得水上人的言语太多了。"

今天我们了解沈从文的童年故事，并不是鼓励孩子逃学，而是希望父母认识到课本之外的广阔世界将会对孩子的成长产生难以估量的影响。

沈从文只受过小学教育，后来当过兵和工头，从事过很多的职业。1922 年冬天，沈从文怀揣 27 块钱从湘西来到北京，经历了饥饿和磨难。他逐渐在文坛声名鹊起，但是生活从未平静。1928 年他辗转到上海，经历过失业，后来又去青岛教书。随着抗战爆发，沈从文又迁徙到昆明。他在漂泊无根中回望湖南，回望边地，称自己是一个"乡下人"。

沈从文热爱的写作主题是丰富多样的，既野性又纯真。他的世界中的自然是元气淋漓、生机活泼的自然。2012 年，诺贝尔文学奖评委埃斯普马克在上海对中国记者透露，1988 年的诺贝尔文学奖原本很有可能落在沈从文身上，当时沈从文已经通过初评，出现在仅有 5 位作家名字的短名单上，而且是当年最受评委喜爱的候选人。但是，诺贝尔奖只颁发给在世的作家，奖项揭晓在 10 月，沈从文却于当年 5 月去世。虽然沈从文不曾获得诺贝尔文学奖，却无损他的光彩。

沈从文笔下的“乡下人”成为一个超越时间的永恒形象。他的作品也将给年青一代的读者新的启示。正如《星斗其文，赤子其人：走进沈从文的〈边城〉》中所说，大师们创造的经典固然伟大，但创造经典的过程更加耐人寻味。阅读经典的目的，一是获得知识，二是学习大师特有的品质。后一点比前一点更重要。因为比知识本身更重要的，是如何获得知识。经典不是凝固的化石，而是鲜活的机体。

我们父母在陪伴孩子阅读的时候，一个很大的期望是当孩子放下书本时，能够感觉到那些大师的经典之作是栩栩如生的，就像刚刚从身边走过的师长兼朋友，他们亲切而智慧的话音还萦绕在耳旁。

记忆力：
脑科学方法提取编码

孩子们学习的时候有不少内容要求背诵，有些孩子在家背得挺顺溜，可是到了考场却抓耳挠腮写不出来。看别人家的孩子记东西很快，可自己的孩子怎么就这么费劲呢。有一些看起来很复杂的记忆方法需要学习一下，让我们一起来了解人类的记忆有什么特点。

心理学与脑研究专家盖瑞·马库斯将人类的记忆方式和计算机进行对比，认为计算机的存储方式类似于邮政编码式的记忆，在计算机的数据库里，每项信息都被分配到一个特定的位置存储，当需要检索某条信息的时候，只要按图索骥，简单跳转到相应的位置即可。人类的记忆方式与计算机不同，并不是每一个记忆对应一个地址，而是被称为“背景关联式记忆”，也就是说需要借助事情的背景或者线索等提示信息来唤醒记忆的内容。自然而然地回想起的内容要依赖周围环境的提示，比如身在花园中就更容易记起关于园艺的知识，而身在厨房就更容易回忆起烹调的常识。

学习的环境会影响记忆，即使和你回忆的内容没有关联。比如科学家曾经给潜水员做过一个著名的实验，让潜水员在水下背一串单词，然后分别在水下和岸上对比接受测试，结果显示潜水员在水下进行测试更能背出他们所要记的单词。无论记忆任何内容，都有环境在暗中影响着我们的记忆机制。这就是为什么老师总是说要在课堂里消化所学的内容，需要记忆的内容尽可能地在学校里解决。如果孩子在家里背得很熟，换成在考场上可能会影响他们的发挥，所以就需要对所学的内容进行反复记忆。

记忆有优先顺序，最常见的、近期出现过的内容就能够迅速地回想起来。比如，天天要打的电话号码就容易脱口而出，经常要用的运算公式也烂熟于心。越熟悉就越容易唤起记忆。在记英语单词方面，为什么老师常常说要多阅读？就好像一个人，你在不同的场合见过他，即使他换了衣服、变了发型，你还是认识他。如果一个词反复在不同的文章段落出现，你也就认识它了。这比单调重复地背诵单词表，效果要好得多。

当你在脑子里搜索信息的时候，要正确地搜索问题，提供尽可能多的线索，你问得越生动具体，就越有助于找到你想记的内容。比如你进门不知道把书本放到哪里了，就问自己："昨天晚上我筋疲力尽地回到家，渴得嗓子冒烟，当时我顺手把书本放在哪个位置了呢？"在学习上及时查漏补缺，就要经常向自己提问，比如这一段内容说的是什么？

有的家长花大价钱让孩子参加一些培训班，学习所谓的记忆方法，背诵一些不相干的内容，这种训练其实意义不大。研究发现，如果一个信息是熟悉的，能跟别的信息连成线、织成网、产生联系，就容易提取，看得多，熟悉和理解之后，自然就记得住。所以，学习的过程要运用多种方式加深理解，比如学习理科知识需要做实验，才能更理解科学原理。找到新的知识和旧的知识之间的关系，在原来的知识框架里把新知识定位好，才能够融会贯通，真正达到学习的目的。

正向情绪能够帮助记忆，而恐惧、愤怒等负向情绪会伤害记忆。当孩子记忆不好时，老师非常严厉的责备，或者家长贬低的话语，都会让孩子产生挫败感，心生恐惧，甚至有时候连已经学会的都忘记了。因此，某一次考试或者某一次作业没有考好或者做好，没有关系，要正面鼓励他。只有不断得到激励，减少挫败感，孩子才更愿意学习。而具体的记忆方式是可以调整的。习惯听觉学习的孩子可以多听，习惯视觉学习的孩子可以多看，而动手练习、广泛阅读都是加深记忆的方法。

但是，对记忆力的过度推崇也是不可取的。在没有计算机的时代，人们都很崇拜记忆力好的人，因为大量的信息要靠记忆才能传播，似乎记忆力好就代表聪明。今天很多信息可以方便、准确地从电脑中检索到，因此要改变对记忆力的盲目崇拜。事实上，科学家研究发现人类遗忘一些事情是有必要的。如果太多的旧信息塞满了注意力系统，就无法处理当下的信息。俄罗斯曾经有一个记忆力超强的人，他看了一眼数学公式，很多年后都可以一字不误地背诵出来，但是他在现实生活中非常痛苦，因为他什么都无法忘记，处理任何事情都非常纠结。所以，人们能够选择性记忆、遗忘掉不常用的信息，是让人类繁衍进化的重要机制。

理解了大脑运作的原理之后，就能够有效地利用记忆力帮助自己学习，而不必盲目推崇背诵，也不会简单地把考试得高分当作成功的唯一评价标准。

判断力：
ChatGPT 的真与假

被誉为“史上最强聊天机器人”的 ChatGPT 引发热议。ChatGPT 是人工智能技术驱动的自然语言处理工具，它能够通过理解和学习人类的语言来进行对话，还能根据聊天的上下文进行互动，甚至能完成撰写邮件、视频脚本、文案、翻译、代码、写论文等任务。遇到这种革命性的技术，有不少不知就里的人看过许多耸人听闻的加工信息之后非常恐慌，认为人工智能都可以像人类一样自如交流，根据人类的要求自动生成像模像样的文章，这可不是以往说的人工智能如何取代传统职业，他们觉得人工智能会打败人类。

成年人都可以被“骗过”，那么孩子们也有不少被这样的信息迷惑的。在这个人工智能技术飞速发展的时代，我们就更要培养孩子的判断力。

目前来看，ChatGPT 作为人工智能软件，它被投喂了海量数据，知识库非常庞大，但其实它的准确度还远远不够。它可以快速给出信息，同时会出现《红楼梦》的作者是“石头”这样低级的错误，评价文学作品也不过是一些空话和套话。因为网络上本来就充斥着大量真真假假的信息，甚至由于算法的缘故，一些虚假信息被优先推荐。不可否认，最新的人工智能软件加快了人们寻找信息的速度，这样的话，判断和识别信息真伪的能力就变得更加重要。我在网络上搜索信息，也要质疑它的来源出处。答案的出处是什么？有没有权威的研究支持？有没有其他说法？通过不同的信息源的交叉比对、必要的常识来判断，人工智能软件给出的答案是不是正确。

有研究者用这个聊天软件尝试写一篇历史研究论文，结果显示，软件可以给出一个看起来像模像样的提纲，但是无法填充具体的内容；或者是一本正经的胡说八道，但引用的材料并不可靠。可见，学术材料的识别能力、处理能力依然需要系统的学术训练。用软件作弊也许可以快速抄一次作业，但是缺乏对基本材料的判断力和鉴别力，就别奢求能作出创新性的研究发现了。

一切的人工智能软件都是辅助工具，最终作决定的还是人。比如医生可以借助人工智能来做检查，人工智能已经可以帮助诊断一些特定类型的癌症，但是下诊断的还得是人。工具无论多么发达，都依赖于操作的人。

有人用这个聊天软件尝试写一篇小学生作文，并混在真正的小学生优秀作文中，结果绝大多数人还是能一眼判断出软件作文和真人作文的差别。因为软件写的文章虽然看起来逻辑清楚、文笔流畅，但很像是用剪刀加糨糊的粘贴，或者是用同一个模板来套的一些句子，显得中规中矩，缺乏想象力和独特的情感体察。让这个软件写一首诗歌，也只是利用数据库生成一些拼凑的词语，而非具有人类伟大作品的语言创新、肆意的激情、充沛的情感和思想的光辉。

从当下的情况来看，这个聊天软件只是一点带有人格色彩的搜索引擎，可以在信息检索、提纲设计方面给我们一些协助，可以用技术手段实行复制和临摹，但是还不能创造出具有强烈情感的独特的文学作品。

人类有别于机器就在于独有的心智结构，有价值观，有情感，有独立的思考判断能力。我们要判断的是作为人类，我们能创造什么，而对于重复劳动，就交给人工智能来处理。

创新工场的创始人李开复撰文谈到 ChatGPT 引发的失业恐慌，十种最容易被人工智能技术所取代的工作，排名第一的就是电话销售，比如现在已经广泛使用的自动语音来电取代了人工服务。因为这种工作有很大的重复性，有固定的回复句式。但是，销售和客服工作并不会消失，未来需要的是更深度的服务水平。

其他容易被人工智能取代的工作包括：仓库的工人、出纳和（网站）运营人员、电话接线员、收银员、快餐店员、洗碗工、生产线质检员。这些工作都是重复性很强的工作。还有一些需要处理海量数据的工作也很容易被取代，比如记账员与财务分析师。而重复性的脑力劳动也会失业，甚至现在有主播机器人，可以 24 小时不停歇地进行新闻播报。但不能被代替的是什么呢？是主持人的深度访谈节目，这里面就需要有作为人类特有的创造性和判断力的核心技术。

每一次技术的进步都会解放人类的生产力，就像蒸汽织布机解放了纺织女工的双手、汽车代替了马车，人工智能可以让我们从简单重复的劳动中解放出来，但是它不能代替我们去思考、去判断、去创造。

以后大量重复性的工作不可避免地会被取代，因为你不可能比人工智能更快，更不知疲倦地重复劳动。在智能时代，缺少的不是知识，而是认知。你不可能去跟一个软件比拼记忆力，而你真正需要的是提高认知能力、判断能力。

批判力：
从“鸭兵灭蝗”说起

曾有一系列关于蝗虫的新闻传播甚广，其中非常引人注目的消息有《4000 亿只蝗虫已到达中国边境》《10 万只鸭子出征巴基斯坦灭蝗》等。

这些新闻的热度很高，但是随着后续新闻报道的跟进，追问进一步的细节，却发现事实并非如此。蝗灾严重确有其事，但是“4000 亿只蝗虫”的数字却缺乏可靠出处，鸭子大军也是“纸上谈兵”，网络时代的新闻报道似乎都要等一个“反转”。

有关“鸭子征战飞蝗”的一系列“新闻”报道或者短视频，很新奇，但是非常离奇，一时间让许多人信以为真。其实，这倒是一个很好的训练学生批判性思维的案例。白纸黑字并不代表不可置疑的权威，一定要在脑子里多打几个问号。

首先，学会区分观点和事实。比如，看到“10万只鸭子出征巴基斯坦灭蝗”这样新奇的标题，就要问自己：这是真的吗？作者的观点是什么？文章中的事实能不能够证明他的观点？新闻的五要素齐全吗？一篇正规报道起码要包括新闻五要素（即5个W），分别为何时（when）、何地（where）、何事（what）、何因（why）、何人（who）。我们用这五个要素来鉴定，马上就能识破“鸭子军团准备出征巴基斯坦、预备抗击虫群”的视频不是真实的新闻。因为这个视频没有具体的时间、地点，只是三段视频的拼接：一段飞蝗、一段鸭子过马路、一段鸭子过桥洞，完全是看图说话，并不能够证明中国鸭子是要去大战巴基斯坦蝗虫的。很多热传的短视频都是“开局一张图，内容全靠编”。

其次，广为传播的信息有什么可信依据吗？证据的可信度足够权威吗？看到一个耸人听闻的事件，不要急于传播，而是要多角度求证信息的可靠性。比如，“10万只鸭子雄赳赳飞过喜马拉雅山”这个新闻，可以通过联合国粮农组织的官网、国家林业和草原局的官网求证。那“鸭子治蝗虫”从科学上讲是可能的吗？学生可以进一步学习相关的生物知识。用鸡鸭等生物防治蝗虫是中国历史上就有的方法，但主要是针对蝗虫的幼虫，对会飞的蝗虫就只能干瞪眼了。更专业一点的还可以学习到成年蝗虫和幼虫的不同，群体成虫体内可能会分泌释放苯乙腈，这个东西有刺激性气味，会抑制禽类的进食欲望。当受到对方攻击时，蝗虫会将苯乙腈进一步合成氢氰酸（氢氰酸属于剧毒类，“二战”中纳粹德国把它作为毒气室的杀人毒气使用），鸭子吃得越多就死得越快。

不靠谱的信息为什么会被广为传播？这里面涉及心理学上的一个公式。社会心理学家奥尔波特和波斯特曼总结过一个谣言传播的公式：

谣言（的传播）=（事件的）重要性×（事实的）模糊性

后来，传播学者克罗斯在此基础上提出一个公式：

谣言（的传播）=（事件的）重要性×（事实的）模糊性÷公众的批判能力

从谣言公式可以看出，谣言既取决于真实信息的透明度，也取决于受众的判断水平。事情越重要，信息越不透明，公众的辨别能力越差，他们越容易受到谣言的蛊惑。相反，越是敢于质疑的人，越不容易相信和传播谣言，正如俗话所说，“谣言止于智者”。因此，在面对重大事件的时候，除了呼吁信息公开，更要提高公众的科学素质，特别是从小培养孩子的鉴别能力、批判性思维能力。

在当下高度依赖网络的智能时代，铺天盖地的信息每天像潮水一样涌来，如何筛选信息实际上是一个人重要的学习能力，这就离不开批判性思维。

批判性思维可以追溯到苏格拉底时期，是苏格拉底倡导的一种质疑能力，认为一切的知识都是从质疑中产生的，他会不断地通过提问，要求对方澄清他们思考或研究的目的和意义，区分相干和不相干的信息，检验知识的可靠性和来源。当然这种质疑也是符合逻辑的，而不是胡搅蛮缠。哲学家约翰·杜威提出过“反思性思维”，也就是“批判性思维”。他说：“反思性思维是对观点和被认同的知识所采取的主动的、持续的、仔细的思考；其方式是探究知识具备什么样的支撑，可以得出什么样的结论。”他特别强调对媒体的报道要保持质疑。比如要看这个断言的来源是否与利益相关方有关。

我们一贯的思维、信念、希望、担忧、期望以及我们的背景信息，都会影响我们的观察和判断。比如，你对某件事情有一个偏见，就会选择性地忽略另外一方的意见。

批判性思维是每个人应该具有的基本能力，这样才能够保证我们不会被生活中的各种错觉、迷信、流言蜚语所欺骗。如果缺少批判性思维，就会陷入“羊群效应”——羊群总是跟着头羊行动。曾经有一个真实的事件，一群羊走到悬崖边，头羊不小心失足掉下了山崖，其他的羊还是不假思索地一哄而上，全然不顾前面有危险，结果全都摔成了肉泥。因此，心理学上用“羊群效应”比喻从众心理，从众心理很容易导致盲从，往往陷入骗局或遭到失败。

网络是一把双刃剑，既能让不实信息传播得更快，也能让我们更快地查实信息。只要我们对信息保持冷静理性，不盲从，多问几个为什么，多动动鼠标，多角度查证，甚至多等一两天，就能看到纠正偏差的更多信息。批判性思维是一种质疑的精神，也是求真务实的态度，更是科学的学习能力。

刻意练习：有效进步的法宝

“我是个孩子的时候就画得像拉斐尔一样好，但我却花了一生的时间去学习如何画得像孩子一样。”毕加索说。

巴勃罗·毕加索，是现代艺术的创始人，西方现代派绘画的主要代表人物，20 世纪非常有影响力的艺术家之一，以风格鲜明、创作旺盛而广为人知。所有人都以为“杰出”源于“天赋”，毕加索却说他的成就源于“正确的练习”。我们来谈谈一个“正确的练习”法则：刻意练习。

心理学家安德斯·埃里克森首次提出“刻意练习”这个概念。他数十年在“专业特长科学”领域研究了一系列行业或领域中的专家级人物：国际象棋大师、顶尖小提琴家、运动明星、记忆高手、拼字冠军、杰出医生等，发现专家级水平是逐渐练出来的，任何人只要有技巧地练习都可以从新手变成高手。

刻意练习包括四个核心要素。

第一，刻意练习不是简单重复，而是有目的的训练。成功与练习时间并不完全成正比，练习的效果取决于练习的方法。如果只是机械地消耗时间，并不能取得进步。刻意训练需要随时间和效果来调整策略，通过不断地取得阶段性的进步，从新手变成熟练工，从胜任者升级为专家。

音乐家鲁宾斯坦有段时间和毕加索交往密切，几乎每天都会去拜访毕加索。他发现毕加索日复一日地画同一个题材，那是第一天到他家时就看见的题材。"尽管我很疑惑，但我还是憋不住地问他：'你是为定购作这幅画的吧？这样内容的作品有这么大的需求量吗？'他惊异地看了我一眼。他说：'要知道，这儿的光线每时每刻都不同。此外，每一天也都不同。所以我不管画什么，总有一些新东西。'"这简单的几句话使鲁宾斯坦深受触动，他在回忆文章中写道："我突然明白了，在自己的音乐会上，我一次次地弹同一个作品，但我总有一种感觉，似乎我是第一次演奏它。"

有效进步的关键在于找到一系列的分解任务来激励学习者不断进步。这些分解任务必须突破学习者的舒适区，但又没有完全陷入痛苦区，是可以通过练习达到的新阶段。很多的学习者，只是漫无目的地进行尝试或者一味地埋头苦干，这种练习就是无效的。假如一个钢琴爱好者从小就开始上钢琴课，30 年过去了还是用同样的方法弹同样的曲子，那么绝不会比 30 年前弹得更好，甚至可能更差。

第二，刻意练习需要高度专注，而不是交差或者娱乐式练习。埃里克森的研究发现，学习技能具有相似的模式，先要了解自己想学习的技能，如何获得帮助，然后练习达到可接受的水平，这时候就会进入自动练习的模式。比如学习打羽毛球，练习一段时间之后，就会建立肌肉记忆，进入自动化的状态。这个时候完全可以不动脑筋地挥动拍子。但是如果继续这样练习下去，并不会取得更多的进步，能力反而会退化。

创造太空舞步的迈克尔·杰克逊具有非常杰出的舞台表现力，但是他的成功不仅来自天赋，更来自十年如一日的系统性训练，而且一切训练都是为了呈现最佳舞台效果，看似重复的舞姿中蕴含着动人心魄的艺术感染力，生动地展现了“无尽的重复中蕴含无尽的变化”。

第三，刻意练习需要及时的反馈和自我觉察。毕加索曾经为他的女神——模特杰奎琳画了 400 多张肖像，单单在 1963 年就画了 100 多张。他热衷于从不同的角度去画杰奎琳，有时候脖子像长颈鹿，有时候眼睛像猫咪，画到最后越来越抽象，形成了独特的风格。

刻意练习需要每一次练习都马上发现自己的问题，并保持自我觉察能力。心理学家在针对学琴者的研究中发现，学习效果的差别取决于学习者觉察到自己犯的错误的敏锐程度。普通的学生在第一次练习某个作品的时候，平均每分钟要犯错 11 次，而优秀的学生平均每分钟只犯错 1.4 次。在第二次练习的时候，普通的学生纠正了其中 30%的差错，而优秀的学生会纠正其中 80%的错误。这就是优秀与普通学习者之间的差距，犯的错误更少，改进的幅度更大。

第四，刻意练习需要战胜心理障碍。学习是一个不断自我挑战的过程，遇到障碍的时候要从不同的方向去想办法。很多人半途而废不是能力不够，而是无法克服挫败感，心理上先投降了。著名小提琴导师多萝西·迪蕾，曾经帮助一个学生加快练习某个曲子的速度，多萝西问学生想练得有多快，学生说想要和世界著名小提琴家伊扎克·帕尔曼一样快。多萝西先记录下伊扎克·帕尔曼演奏那首曲子所需要的时间，然后给节拍器设置了一个慢一点的速度，让学生跟着节拍器一遍遍地练习，学生每练一遍就稍微加快一点节奏，保证学生每次都能演奏好。最后当学生可以分毫不差地跟着节拍器演奏之后，多萝西告诉他，实际上他已经比小提琴家演奏的速度更快了。

帕尔曼本身就是一个心理素质超高的学习者，他因为小儿麻痹症无法站立演奏，但是他凭借非凡的天赋和巨大的努力使自己成为世界级的小提琴大师。他无惧年龄，乐观地说：“当我拿起小提琴开始演奏后，我对自己说：‘哦，75 岁很好。一切都在进行！’”

在任何一个具有悠久历史的行业和领域里，想要取得成功都需要付出艰苦卓绝的努力。有意识地练习，专注地练习，你也可以从新手成为高手！

逆商：
让孩子学会情绪管理

心理学研究表明，我们面对压力时常见的反应有两种，即战或逃。比如，有些学生越到考试时越不愿意复习，有些严重的还会生病、厌学，这种逃避心理其实是一种心理防御机制。心理防御机制是指个体面临挫折或者冲突的时候，自觉或者不自觉地摆脱烦恼，减轻内心不安，恢复心理平衡与稳定的一种适应性倾向。

精神分析流派的创始人弗洛伊德的女儿安娜，继承并发展了父亲弗洛伊德提出的心理防御机制理论。安娜首次提出了这样一个概念：我们会本能地通过一系列防御性行为来保护自我。安娜·弗洛伊德认为迫近的压力驱使我们采取回避态度。它是我们应对威胁和减缓心理伤痛的本能反应。逃避的防御机制短期内可以缓解压力，但这种防御并非有意识的选择，从长期考虑来看，它会妨碍一个人处理现实问题的实践机会。相反，积极的防御机制能够调动主观能动性激励自己，以顽强的毅力克服困难、战胜挫折、解除精神压力，恢复心理平衡。只有面对压力、接纳压力，与压力共存，才能带来身心的最终成熟。

压力越大越好吗？有些学校会在重要的考试前夕，在黑板上贴倒计时标记，制造一种紧张的气氛，效果真的会好吗？心理学上有一个压力与绩效的倒 U 形曲线。研究表明，超高挑战的工作会对个体产生负担，超低挑战的工作容易产生倦怠。如果面临的压力太小，人们会觉得非常乏味，集中注意力的动机也会变小，当然绩效也很低，随着压力变大受到激发，绩效就会提高。在压力达到最佳点之前，工作压力越大绩效越高，但是压力越过了最佳点之后，随着工作压力的增加，人们就会急躁、烦躁，甚至崩溃。因此，压力太小不利于学习，压力太大也不不利于身心健康，只有跟学习目标和要求相匹配的压力才有利于最好的成绩表现。

我们也可以换一种方式看待压力。如果一个人认识到，压力能够有助于提高学习效率，并且能够思考压力背后的意义，就会有助于跟压力更好地相处。

我们不会对毫无意义的事情感到有压力，如果你对一件事情不在乎，那这件事就不会对你构成压力。比如对考试感到有压力，那你可以思考考试的意义：它有助于检测你的学习效果，可以查漏补缺、反思学习方法，以及发现自己的潜能。当你将考试当成一种促进学习的方式，心态就会很不一样，得到的结果也会很不一样。类似的，当你对公开演讲或者公开发言感到有压力，可以想一想，这是一个展示、提升和谋求发展的机会。这样你和压力就不是对抗、回避的关系，而是信任和接纳。

具体管理压力的方法有哪些呢？常见的有列清单、分急缓、排顺序、深呼吸、找支持。非常神奇的一件事是，当你把要做的事情一一列出来，只是这么简单的行为，就能有效缓解压力。我们很多时候感到有压力，不是因为有很多事情要做，而是不确定要做的事情能不能在截止时间前做完。比如，在考试之前把需要复习的内容、达到的目标一一列出来，大脑马上就能感觉目标清晰、思路有条理，增加了对学习内容的掌控感。许多认知行为治疗专家说，如果人们感觉能够掌控自己的生活，就能舒缓压力，感到更多的快乐。

接着把你列出来的事情分优先紧急的顺序。有些不是马上要做的就可以删掉它，或者相当于在你的大脑里做一个卫生大扫除。同理，学习工作环境也要尽量简单，减少通过视觉进入大脑的信息，减少大脑处理任务的疲倦程度。

还有一些其他很简单的方法，看起来和学习无关，其实也很有效。比如少食多餐，多吃蔬菜水果。吃太多，容易觉得疲倦，因为消化食物也需要能量。少食多餐，让胰岛素保持平衡，特别是中小学生在两顿之间加点课间餐，比如少许食物或水果，情绪会更稳定。锻炼、深呼吸和冥想都可以改变皮质醇对紧张的大脑的影响，增加海马体的容量，从而改善记忆力。比如每天起床的时候做几次深呼吸，吸气的时候想象着有一股力量进入身体内，吐气的时候，想象着压力正在远离身体，这样会让身心更放松、更愉快。

面对很大的压力和不好的事情，有一个词是非常重要的，就是逆商。排除掉疾病包括抑郁症的影响，一个人抗击逆境的能力就是逆商。逆商，是在不顺利的情况下推动自己按照目标前进的能力，是决定一个人人生攀登能力的潜在因素。在逆境中人们容易自我放弃的主要问题，就是缺乏掌控感，常常有习得性无助的感觉。

心理学家发现在孩子很小的时候，如果大人包办一切事物，不让他们自己去应对难题，实际上就教给了他们无助感。所以一种抵御习得性无助的免疫方式就是要让孩子不停地去尝试，鼓励他们从挫折中学习。

儿童心理学家艾美·维纳尔曾经研究过具有童年创伤的年轻人，发现有 1/3 的人都能够战胜创伤走向成功，并拥有心理韧性。因此研究者认为逆商是可以培养的，心灵的韧性是可以锻炼的。学习、工作、人生难免遇到困难，如果能体验到克服困难的经历将有助于学业和事业的成功。

很幸运，脑科学专家认为逆商的培养并不难，抛弃不好的破坏性的思维方式是可以在瞬间实现的。神经生物学家的研究表明，新的思维会在大脑的潜意识里变得根深蒂固，旧的思维习惯就会退化。

看见自己的能力以及重新获得掌控感，这是一种重要的思维练习。比如你在看到成绩单的时候，是快速略过那些做得好的方面而去看自己做得差的地方吗？在现实生活中，人们往往对自己做得不好的地方印象深刻，但是过于关注不足会错过对积极的方面进行强化的机会。所以，当你在学习的时候，或者做学习检测的时候，一方面你要确认自己有什么地方做得不够，另一方面也要确认自己做得好的地方，总结自己为什么这些地方做得好——这将对你的长期发展影响深远。找到自己做得好的方面、认可自己，这有助于巩固行之有效的行为模式。

我在作讲座的时候常常请家长和自己回想：是否记得婴儿是如何学会走路的。父母都记得孩子会不断地尝试，跌倒了站起来试着走，他们根本不怕摔倒，直立行走的意愿和成就激励着孩子们一次次的尝试，直到可以连续走路。没有一个身体健康的婴儿摔倒了就躺在地上，说不要再学走路了，也没有一个婴儿需要上走路的课，天生就能度过学习新知识时笨拙的阶段。

如今孩子长大了，一样也可以做到渡过一切艰难时刻——只要你付出有意识的努力。压力和逆境是成长中不可逃避的功课，也是人生的常态，相比起外界不可控的风云变幻，你可以改变自己的思维方式，重塑你的生活态度。

开放式大脑：
助你学习自觉又主动

如何帮助孩子自觉学习？

这是我在与家长交流过程中经常遇到的问题之一。而通常的解答是要培养好的学习习惯。继续追问下去，如何培养好的学习习惯？其实这就谈到了更深层次的问题——如何培养孩子的开放性大脑。

我常常和家长们玩一个游戏，这是脑科学家丹尼尔·西格尔提出的一个问题：

如果你的孩子考试的成绩不尽如人意，他的表现会是怎么样的呢？

1. 伤心地大哭，觉得自己太差；

2. 不在乎成绩，没有什么特别的表现；

3. 会去找同学或老师请教错在哪儿；

4. 抱怨出题或者评分不合理。

不同的选择代表不同的大脑思维方式。如果孩子选择的是第三个选项，那么他就具有开放式的思维，如果选择其他三项，就具有防御式的思维。

开放式的大脑和防御式的大脑有什么区别呢？

防御式的大脑会让你和别人对着干，不能认真倾听，不能作出明智的决定，不能和他人建立感情，无法关心他人。面对困境的学习模式是一种原始的状态：战斗、逃跑或者僵住（战斗就是对外界进行攻击，逃跑就是逃避，僵住是感到崩溃或无助）。

开放式的大脑是大脑中一种特别的神经回路，科学家称为“社会参与系统”，被激活的时候引发的态度是接纳而不是防御，有助于我们主动和他人或者自己的内在体验进行交往，面对挑战的时候会更强大、更清醒、更灵活，学习的时候也会更平静，更容易吸收新的知识。

如何才能培养开放式的大脑？核心就是将学习中遇到的障碍看成可以克服的挑战，勇敢去冒险或者主动去探索，相信可以寻找到解决的方法，不用担心犯错误，也不必固执己见或者推卸责任。

培养孩子自觉而主动学习的能力就是要以更开放的心态去面对困难，拥有更加灵活的处理方式，即使身处逆境也有更好的复原力。

我们可以在孩子小的时候通过游戏的方式锻炼他们开放式的大脑，如果孩子已经长大了，也可以和他在日常交谈中鼓励他发展开放式的思维。研究证明，如果老师、家长积极鼓励孩子去拥抱挑战和机会，拥抱现在的自己和未来的自己，在这个学习的过程中，成人就是在塑造自己和孩子的开放式大脑。如果家长只是批评指责，那么孩子就会产生防御性的抵触心理，也可能对自己失去信心。

“是”和“不”这个互动游戏是我在作家庭教育讲座的时候常常和听众一起玩的游戏（这也是丹尼尔·西格尔在演讲中经常会使用的一个有趣的互动练习）：

首先，请听众闭上眼睛，一边听着我的语言，一边感受自己身体和情绪的反应。

一开始，我会用很严厉的语气说“不”，连续说 7 次——不！不！不！不！不！不！不！

然后，我再用温柔的语气说 7 次“是”——是，是，是，是，是，是，是。

最后再让大家睁开眼睛，描述自己的感受。

听众说，在听到很凶的“不”的时候，会觉得压抑、烦躁、抗拒、紧张，而听到温柔的“是”的时候，会感到平静、放松和愉快。

这个练习可以让大人反思，我们该用怎样的语气和态度对孩子说话。你是要不断地否定孩子还是不断地鼓励他们？应该让孩子感受到他是被理解和被倾听的。

孩子是天生的学习者，其中重要的一个学习策略就是模仿。因此，大人在教育孩子的时候也要使用开放式的思维。比如面对孩子遇到学习的挫折的时候，大人常见的反应有三种：

第一种是指责：“别的孩子都可以，你怎么做不到？”

第二种是放弃：“你现在已经长大了，要靠你自己！”

第三种是贬低：“不听我的话倒霉了吧！你早干吗去了？”

以上都是大人使用的防御式思维。

而具有开放式大脑的父母的处理方式是什么样的呢？他们会接受孩子遇到学习挫折时会有的不良的情绪反应，比如哭泣、沮丧甚至愤怒，但是他们会尊重孩子的情绪反应，理解他们，而且能够积极地回应他们。比如，尝试用这样的句子温柔地跟孩子交流：“你当时是什么感觉？你是怎么想的？”也可以什么都不说，只是用拥抱、轻拍之类的肢体语言表达出父母对他的关爱。

有一次，我的讲座结束之后，一个女孩留到最后要单独和我说几句话，我把她带到一个安静的角落，给她一瓶水。那个女孩哭了起来。我什么也没有说，只是静静地听她诉说烦恼。说着说着，她自己就调整好了情绪，对我说声“谢谢”，然后带着我送给她的书离开了。我只是一个陌生人，只是在很短的时间内耐心地倾听她的经历和想法，孩子就调整好了自己的心态。如果是父母让孩子感受到他们是被理解和被倾听的，接收到父母会陪伴他们渡过难关的情感信息，那么孩子的改变该有多大啊。

培养开放式的大脑还有一个重要的策略，就是我们如何定义困境。积极心理学认为，人是可以通过不断的学习来实现自我成长的。

在现实世界里，很多成人认为内心纠结和挣扎不是好事情。但是脑科学家重新定义了人类经历的痛苦，认为人有挣扎并不总是坏事。开放式大脑和成长型思维让我们能够洞察如何坚韧不拔、百折不挠地应对挑战。

科学研究支持了重新定义困境的作用。如果一个人能够改变自己看待经历的方式，是可以减轻心理创伤和影响的。即使经历过同样困境的人，有的人会一蹶不振，有的人却愈挫愈勇。

为什么会有这样的差异呢？因为越挫越勇的人能够停下来思考，重新定义压力和困境——我无法控制和改变发生的事情，但是我可以选择回应的方式。面对困难，我可以选择躺平、逃避、抱怨，但也可以选择积极应对。

大脑神经在不断地学习中建立其复杂而独特的神经网络。一个人只有通过不断地练习应对不同的困境，练习承受，练习坚韧，练习适应，最后才能知道自己有多么强大。在创伤幸存者中，70%的人是可以“创伤后成长”的。

我也会这样不断地提醒自己和孩子：学业的困难就像人生的困难一样，总是会一个接一个，但是每个人其实天生具有学习的能力，知道自己需要学习什么。因为，人类大脑的运作机制会促使我们在跟周围的互动中、在真实世界的探索中学习，最重要的是通过与关爱自己的人一起来学习。

认识到人生的目标，认识到自己是谁，想要探寻自己，才会焕发起一个人的生命力和不懈的学习干劲。因此，我们的教育环境要允许孩子成为自己，而不是把成人的愿望和设计强加给他们。在这个过程中，大人要陪伴孩子，给予他们茁壮成长所需要的精神支持，孩子也要学习去表达和寻找支持。

口头表达能力：
自如地输入输出

在家长培养孩子各种学科能力以及综合素质时，想到的都是以后孩子学什么专业，干什么工作。但是，有些非常重要的能力却被忽视了，其中就包括口头语言表达能力。这个口头表达能力在工作过程中必不可少，比如你做的事情很重要，那么把这些重要的事情说明白，能够让领导理解并支持，这更重要。

在孩子的升学过程中，口头表达能力也占有不可忽视的地位。比如，在初高中特长生的录取过程中，不允许进行卷面测试，但要进行面试。面向高中生的大学夏令营，也要考查学生的口头表达能力。再比如，现在进入大学的渠道，除了统考之外还有强基计划、特长招生等，都要通过面试这一关。

在家庭教育中，如何培养孩子的口头表达能力？

第一，需要一种平等尊重的家庭气氛。在家里，从年龄上讲长幼有序，父母比孩子有更多的生活和社会经验，但在人格上都是平等的。当孩子提出要求、表达想法的时候，父母要教给他清晰、准确、礼貌的表达方式，不要使用打击、讽刺和挖苦的语言。比如大人交谈的时候，孩子常常很着急插话，有些家长会斥责："大人说话的时候，孩子不要插嘴！"这句话就包含着对孩子的轻视，同时是一个粗鲁无礼的示范。如果大人谈论的事情不想让孩子听到，可以进行回避；当着孩子的面交流的事情，应该是允许孩子旁听的。如果孩子着急插话，可以耐心地说："父母正在交谈，你耐心地听。听不懂的地方，等一会儿我们停下来，你再提问。"甚至大人谈完之后，可以问问孩子，你有什么不明白的地方吗？你对此有什么看法？日常的交流和家庭会议就是最好的锻炼听说的机会。

第二，营造爱读书、爱分享的阅读环境。有的家长认为培养口头表达能力就要上演讲课、辩论课、朗诵课，其实说话的技巧是为内容服务的，说得有内容、讲得有意思，不取决于巧舌如簧，而取决于知识面的丰富、为人的情趣和求知的好奇心。开阔视野最简单的也是最有效的方式，就是持续不断地阅读。

阅读不仅是学习课内有关的知识，还包括看起来无用的一些阅读内容，比如小说、诗歌。如果说科学让我们认识广阔的大千世界，文学则带我们深入浩瀚的心灵世界。个体经验是有限的，阅读让我们“思接千载、视通万里”。

阅读不只是看个热闹，还要思考和交流。父母自己也看书，然后结合自己的生活经验，和孩子一起畅谈阅读带来的启发，也可以跟其他读物进行对比，甚至指出某一本书的某一个观点的偏颇之处。每一天都在练习口头表达，到需要表达的时候就能减少紧张发怵的感觉。在阅读中读一些逻辑学的书籍、进行逻辑思维的训练也是非常重要的，这样才能够学会就事论事、有理有据，不把口头表达沦为技术的诡辩和对他人的攻击。

除了传播知识、塑造人格、树立理想，阅读对儿童还有独特的心理治疗价值。来自澳大利亚的幼儿老师苏珊·佩罗被称为“故事医生”。她 30 多年来一直致力研究故事在教育中的作用，用故事的方式帮助那些“有挑战性行为”的孩子。她说：“我曾经见证并且依然见证着故事良药一般的疗愈作用。”对孩子来讲，想象的世界就像是日常生活一样真实。苏珊·佩罗认为，孩子似乎有能力如蝴蝶般在想象之桥来回穿梭，而大多数成人则举步维艰地跋涉在两个王国之间，像多足毛毛虫一样笨重。

进入 21 世纪以来，人们在手机屏幕跟书籍之间产生了激烈的心理斗争，到底注意力和有限的时间应该放在什么地方？这是人类技术文明的进步，但同时是人类进化中前所未有的挑战。电子产品蚕食了诉说和倾听的能力，也唤醒了人们对更直接的交流方式的渴望。父母可以使用新的媒介给孩子放一些音频或者视频，但最重要的是要跟孩子有交流，而不只是放任孩子把电子媒介作为一个保姆。买一本书放在书架上不算帮助孩子阅读。父母一定要和孩子一起参与读书活动，不带功利目的地带着孩子阅读，不要求写读书报告，也不进行任何分数记录，只是享受阅读，分享喜悦和悲伤，交流困惑和思考。这样的父母给予孩子的是无法计算的财富。如同《朗读手册》引用的一首诗：

你或许拥有无限的财富，
一箱箱的珠宝与一柜柜的黄金，
但是你永远不会比我富有，
我有读书给我听的妈妈。

第三，形成多元包容的价值观念。有的家长抱怨孩子不爱跟自己交流，孩子年纪增长、读书多了，更不爱讲话。其中一个非常重要的原因是当孩子表达的时候，他们会受到父母的打压。孩子可能会因为自己的认识不够全面，说出不够准确的话语，父母在这个时候不应该讽刺、否定孩子，而是鼓励和帮助他们。比如，父母可以这样说："你认同这本书的这个观点，我觉得有一定的道理，另外我也看到一些不同的意见，我自己也有不同的看法，我们一起来交流。"不同时代背景和社会环境下的作家的观念会不一样，这也让我们学习以一种多元开放的思维来认识世界。当然也有很多共同认可的价值观念，这也是在不断地交流碰撞中达成的共识。

还有一些孩子在家中滔滔不绝，但是在公开场合发言却手足无措。这一方面是缺少当众演讲的经验，另一方面是对自己要表达的内容不够自信。解决的办法包括经常带孩子参与社会活动，鼓励孩子表达，以及可以用手机拍下孩子的演讲过程，让孩子从面对镜头开始适应面对陌生的眼睛，或者可以教给孩子一些公开讲话的放松技巧并对着镜子练习，比如腹式呼吸、扫视观众的头顶、双手拿话筒避免手臂胡乱挥舞。

广泛的阅读才能丰富言说的内容，说话有理有据。在一种相互尊重的家庭交流环境里，锻炼孩子的自信能力，并学会尊重他人，晓之以理，动之以情。当然更不可忽视的还有"倾听"，抓住对方要表达的思想，并给予得体的回应。

总而言之，口头表达能力表面上看是"说"的输出，但其实背后包含着大量的输入，有读、有听、有思。生活即学习，通过广泛阅读、日常表达、独立思考，培养开阔的视野和多元的思维，并逐渐掌握恰如其分的表达：言之有物、言之有据、言之有理、言之有趣。

幸福思维：
全身心的体验

追求幸福是全世界人类生活中的普遍目标和期望，获得幸福的生活也是父母对孩子的最朴素的愿望。从2012年开始，每一年的3月20日被定为“国际幸福日”。幸福从春天开始，春暖花开，莺飞草长。在这个廉价快乐唾手可得的时代，我们来探讨如何拥有幸福思维。

很多家长在教育孩子的时候，往往把重点放在希望孩子掌握足够的技能，并找到一份稳定而收入高的工作上面，认为这样才是成功的人生。吃不饱、穿不暖肯定是不幸福的，但是在基本温饱条件满足之后，金钱和幸福并不成正比。

国际上的研究发现，当人均GDP达到3000~4000美元的时候，国家的经济发展水平较高，国民幸福感会增加，但是过了这个幸福拐点，幸福感就跟经济发展水平的关系不大了。当人均 GDP 超过 8000 美元的时候，人际关系、平等、公正等指标，对幸福感的影响开始明显增大。清华大学心理学系大数据行为研究室也有类似的研究：当人均 GDP 小于 5 万元时，城市市民的幸福感和 GDP 的增加有密切的对应关系，GDP 每一点的增长都能增加市民的幸福感；当人均 GDP 突破 5 万元时，GDP 的增长就并不是等比例提高人们的幸福感，其他的因素，比如环境、教育、治安、官员的道德水平和管理能力，变得更有价值和意义。

心理学家戴维·迈尔斯研究发现，特别想通过赚钱让自己开心的人，其实幸福感很低。因为唯利是图、只想赚钱，会降低社会责任感、影响人际关系，造成人的精神压力巨大，伤害心理健康。追求物质上的富有本身并没有错，足够的金钱也确实能够给生活带来更多的选择，但是金钱并不等于幸福本身。

中国在 2022 年的人均 GDP 是 8.6 万元，早已跨过了“幸福拐点”，因此我们的教育观念要跟上时代发展的变化，帮助孩子树立真正的幸福思维。

幸福无疑是一种积极愉悦的心理体验。在英文中，幸福和快乐可以用同一个单词来表达，但是在中国，幸福跟快乐是两个词语，内涵也是不一样的。比如孩子吃高热量的食物、玩手机游戏在短时间内会感到快乐，但是没日没夜地吃啊、玩啊，到头来却会感到空虚和痛苦。福，在甲骨文中原是以酒敬神、祈求万事顺遂的意思。古人常说的“五福”包括长寿、富贵、康宁、好德、善终。这里面有很重要的一条，即品德。

关于快乐和幸福的关系，中国积极心理学发起人、清华大学心理学系教授彭凯平概括为一句简单的话——幸福是一种有意义的快乐。要帮助孩子设立一个积极的目标，追求为社会创造价值、体验到生而为人的意义，才会获得持久的幸福感。

家长要多鼓励孩子为自己作决定、为他人服务，得到丰富的价值感和归属感。研究发现，当一个人对生活有自主性、掌控感，能够在人际关系中体验到对他人的影响力的时候，就会激发大脑中血清素的分泌，产生幸福满足的感觉。相反，生活被安排得过于周到、获得过多物质的孩子感觉到的不是幸福，而是空虚和无能为力。

甚至有时候做不快乐的事情，其实是具有长远的意义，比如锻炼身体、戒掉甜食或者投入学习，在某个阶段要克服惰性、抵抗诱惑、忍受痛苦，但这是牺牲了短暂的快乐去换取未来的幸福，同时在艰苦学习的过程中获得有意义感的体验。

“快乐还不足以让人生卓越。重点是在做提升技能、有助于我们成长、能发挥我们潜能的事情时获得快乐。”心理学家米哈里·希斯赞特米哈伊认为，幸福是一种全身心的快乐体验，他把它命名为 flow（“心流”），是指进入全神贯注、忘我投入的状态，感觉不到时间的存在。希斯赞特米哈伊历时 30 年、访谈了包括 14 位诺贝尔奖得主在内的 91 名创新者，总结出一个道理：富有创造力的人千差万别，但他们有一点是相同的——都非常喜欢自己做的事情。他们通过从事费力、有风险且困难的活动扩展自己的能力，从中体会到“心流”的力量。这种全身心的快乐体验让人沉浸其中、物我两忘，点滴入心。庄子的《庖丁解牛》写宰牛的屠夫在从事自己所熟悉和喜爱的工作时，就达到了一种出神入化、物我两忘的状态。孩子们在从事自己喜欢的、有挑战并且擅长的事情时，也很容易体验到这种“心流”的感觉。

思维的转变也有助于提高幸福感。研究发现，注意力的分配对幸福感是有影响的。行为经济学家保罗·多兰从小就有口吃的问题，他为此感到非常苦恼。后来他发现，人们会被他讲的内容所吸引，而并不介意他偶尔出现的口吃问题，于是他学会不再关注自己讲话的方式，也不再为口吃问题而感到烦恼了。由此，保罗·多兰提出追求幸福要关注积极因素、忽略消极因素。

在孩子成长的过程中，必然会遇到各种各样的不尽如人意的地方，如果过于关注外在的消极因素就会徒增烦恼。我们要教育孩子转化幸福思维，多关注不利环境中的积极因素，多调动主观能动性，改变自己的思维方式、行为模式，由此增加幸福感。

“双减”政策下如何选择兴趣班

“双减”政策一出，家长们喜忧参半，喜的是孩子可以减轻负担，把童年还给儿童，忧的是没了辅导班，孩子如何提高成绩？

国家加强对课外培训机构的管理，不等于孩子不能进行课外班的学习。课内课外不再只盯着分数，有助于缓解家长的育儿焦虑，同时也迫使家长沉下心来，找到真正有利于孩子的发展方向。父母可以有针对性地选择适合自己孩子的课外班，不再是千人一面、分分计较，而是因材施教、扬长避短。

如何找到适合孩子的课外兴趣班？

一是看孩子的兴趣特点。以往选择课外班，常常考虑的是如何有利于升学，有利于进入目标学校、重点班，不惜花钱、花时间超前学习，甚至加大学习难度，超出孩子的身心年龄。

随着国家政策的调整，教育资源更加均衡，孩子就有更多的时间来琢磨自己的发展方向，选择更契合自己的先天优势、个性特点的兴趣爱好。

选择课外兴趣班，我认为有两个基本原则，一个是取长补短，一个是扬长避短。取长补短的意思是，要看到某些方面孩子也许先天不足，但是可以通过后天弥补，而且补足这个短板对他一生的发展是有着至关重要的意义。比如有的孩子运动能力偏弱，先天体质不那么强，那就要给他选择一些运动类的兴趣班，锻炼体质，增强体魄，也有助于改善精神面貌。家长要注意的是，即使在运动方面孩子总体上不具备优势，但是依然要在具体运动项目上选择更适合他的自身的兴趣和特点，这样才能够鼓舞他，并使他持之以恒。

比如我的孩子个子瘦小，在体育项目中总体上不如同龄孩子发展得好。但是他也有自己的特点——虽然力量不足，但是灵活性、柔韧性好，那就可以选择一些小球类的、减少身体冲撞的项目。我没有给他选择竞赛类的培训班，而是选择对运动成绩要求没有那么高的兴趣班。虽然孩子不可能成为一个专业的选手，但是有一个运动兴趣爱好能够坚持下来，有助于跟繁重的脑力学习进行平衡，也能更健康地学习和生活。

扬长避短是另外一个选择原则。未来的人不是拿自己的短处跟他人竞争，而是争取在自己擅长的领域如鱼得水。如何找到孩子的长处呢？立足于一个“乐”字。可以让孩子去试听课程，看看他在哪些方面能够乐此不疲、乐而忘忧、乐在其中。他能够享受并坚持的项目，一定可以契合他的天性、符合他的个性特点，并能够激发起他最大的热情。即使在学习过程中遇到一些障碍，孩子也会克服困难，并享受不断提升的过程。

我的孩子在 4 岁的时候第一次接触机器人课程就非常喜欢，他坚持学习了 8 年，从简单的拼接到数据编程，风雨无阻，废寝忘食。在他只有四五岁的时候，就可以连续做好几个小时的机器人而不知疲倦。虽然他未来不一定从事这个行业，但是他从中得到的成长是无法用分数来衡量的。

教育常常说不要跟他人相比，但是人在社会中不可避免地会与他人比较，因此最重要的是家长要留心观察孩子有别于他人的特点，真正地尊重孩子的选择，同时还要予以鞭策和鼓励。确定了大的方向，还要为他选择适合他的气质的老师。课外兴趣班的老师不同于课内的教师，更多的是给予启发，让孩子看到更宽广的视野，并能够建立起自我效能感。老师不在身边，他也能够坚持练习并享受乐趣。

二是看国家认可的机构和鼓励支持的发展方向。课业压力减轻了，不等于说完全不考虑社会的需要。能够把个人兴趣和社会需要结合起来，才更有发展的机会。

如何判断社会的发展趋势？可以从当下的政策里去寻找。比如，各地会公布学科类校外培训机构的白名单，家长在当地的教育部门或者媒体平台上可以看到详细的名单，就能根据孩子的需要就近选择。减轻课外培训并不等于一刀切，课外的学科类学习也应该可以成为校内学习的适当补充，公布的白名单里可以找到适合自己的学科类培训。这些培训机构是对课内学习的补充，不能占用国家法定节假日、休息日和寒暑假。

如果着眼于孩子未来的职业选择和升入高等学校的目标，还有一个可供参考的课外学习选择，就是参考教育部公布的面向中小学生的全国竞赛活动名单，这是教育部官方唯一认可的竞赛项目名单。学科竞赛的选拔只限于高中，代表着国家对孩子教育未来发展的引导方向，高中所有的学科都配备有相应的竞赛，既有语文、数学、英语，也有物理和化学。而非学科类的竞赛，以STEAM为代表，包括科学、技术、工程、艺术和数学，也是可以考虑的方向。科技创新、计算机、航空航天、机器人、人工智能等，是这个名单中的重头。这也是和国家“十四五”规划和2035年远景目标纲要相一致的，就是要攻克未来的科技前沿领域。现在这一类竞赛同时下沉到了小学和初中，包括人工智能、信息技术、创新机器人、天文、发明创造……

这些也是家长可以关注的，既能让孩子在小小年纪边玩边学，也能够满足他们探索世界的好奇心，鼓励他们的动手能力，培养创新意识，学会科学研究。

兴趣是最好的老师，热爱是最好的助燃剂。教育改革的目标是给孩子松绑，真正回归到对人的尊重以及人的发展。因此在“双减”政策之下，选择课外班的核心目的就是要回归到每个孩子身上，让他们乐学、爱学、会学。

艺术思维的无用与有用

2022 年底，教育部印发了《高等学校公共艺术课程指导纲要》，明确公共艺术课程是我国高等教育课程体系的重要组成部分。包括北京在内的各大城市发布了《关于全面加强和改进新时代学校美育工作的行动方案》。这些文件和方案都折射出教育理念的更新，对我们重新认识艺术教育以及思维发展具有重要的意义。

我们曾经把不同学科分为主科和副科，认为音体美是副科，重要性不如要升学考试的数理化。但是现在国家在重视基础学科、自然科学的同时，也开始重视艺术教育，注重发展艺术思维。从中小学加强美育的办学特色、强化美育育人功能，到《高等学校公共艺术课程指导纲要》的发布，我们肯定了公共艺术课是实施美育的主要途径，承认艺术教育对提高学生的审美和人文素养、培养创新精神和实践能力、塑造健全人格等具有不可替代的价值和作用。

先哲早就发现了艺术对人的品德有教化作用，柏拉图认为“德育始于美育”，认为美育达到心灵和谐与德育达到理性秩序是一致的，而前者是后者的必要基础。孔子说过“兴于诗，立于礼，成于乐”，将诗、礼、乐当作相互联系的修身三要素。现代社会认为提高审美能力、精神层次，才能提升国民的综合素养。

艺术的人生态度，是和功利的人生态度相对立的，艺术教育特别是艺术史的教育，从时间的尺度上拓展了我们对世界的认知，创造出丰富的文化体验。所以，艺术教育不能简单地用“有用或者无用”来评价，正如一部讲述音乐拯救孩子的电影《放牛班的春天》中所说：“教育不仅仅是为了知识，爱才是果实。”

科学史上有一个惊人的现象，伟大的科学家往往热爱艺术。统计显示，美国国家科学院成员中有艺术爱好的比例大约是普通人的 1.5 倍，英国皇家学会成员的这一比例大约是 2 倍，诺贝尔奖获得者的这一比例则达到近 3 倍。科学家为什么钟情于艺术？因为数学和绘画、音乐有相似的美感。欧拉公式和巴赫的音乐有着共通的审美维度——优雅、深刻和清晰。

大脑研究发现，艺术对人的思维会产生积极的影响。艺术有助于你留意到生活中被忽视的美，当你放慢脚步去观察，你的大脑神经元会更加快速地生长，你也会更有激情去体验生活，减轻压力，感到更大的快乐，更有创造力地解决问题，用独特的风格来表现你对世界独一无二的认识。

如果不是因为绘画天赋，曾孝濂不会成为中国植物画第一人。他从小喜欢绘画，在学校包揽了画黑板报的事宜。1959年，20岁的曾孝濂以半工半读的形式进入中科院昆明植物所研究植物学。时值《中国植物志》项目上马，曾孝濂拿起画笔参与编绘。他走过毒虫横行的原始丛林，到过人迹罕至的喜马拉雅山脉，和同事一起编纂了中国植物学的重大研究成果——《中国植物志》。

科学家钱学森的艺术爱好非常广泛，自幼学习音乐、书法、绘画。1994年，钱学森出版了《科学的艺术和艺术的科学》，提出艺术与科学相辅相成的观点。他说："这些艺术修养，不仅加深了我对艺术作品那些诗情画意和人生哲理的深刻理解，也让我学会了艺术上大跨度的宏观形象思维。我认为这些东西对启迪一个人在科学上的创新是很重要的。科学上的创新光靠逻辑思维不行，创新的思想往往开始于形象思维，从大跨度的联想中得到启发，然后用严密的逻辑思维加以验证。"

我们欣赏一幅画、学一门艺术就能变成更好的人吗？其实也不一定，但是为什么还要去学艺术呢？因为不看不欣赏，就是在浪费我们的眼睛。也许我们无法踏遍全世界去欣赏艺术作品，但可以迈出最初的一步，那就是去学习。学习艺术，掌握艺术思维，了解艺术对人生有多美好，花时间去看、去欣赏，享受艺术，是可以让生活变得更美好，人的精神状态也会更丰富。

《高等学校公共艺术课程指导纲要》指出，要构建面向人人的课堂教学和艺术实践活动相结合的公共艺术课程体系。规定公共艺术课程包括美学和艺术史论类、艺术鉴赏和评论类、艺术体验和实践类三种类型课程。这就意味着理论与实践相结合，公共艺术课程必须具有实用性和可操作性的特点。不少学校已经开展了实用性艺术公共课，包括摄影、影视制作、电影动画、广告、音乐、舞蹈、音响设计、家庭装饰、书法艺术、陶艺、古玩字画的鉴赏……这些课程既可以培养学生的艺术修养，也可以增强创新能力。

对个人来说，在全面粗浅地了解各种艺术形式的基础之上，也要明确个人的兴趣，并加以扩展深入。可以充分利用各种社会资源，参观公共展览，或者利用新技术手段、新的设计软件，展现自己的艺术实践，整个学习的过程就是调动积极性、激发热爱的过程。

美学家宗白华主张，整个中国文化在最高层次上是一种诗意的文化、审美的文化。一花一世界，艺术审美滋养我们的灵魂，提高我们生活的品质，让我们的生命美丽绽放。

家长和孩子都需要自控力

我当老师的时候，假期常常去家访，看到有些孩子自己安排学习生活，井然有序，而有的孩子却日上三竿还没起床。在新学期的入学测验中，学生的成绩往往进一步拉开差距，自律的孩子会脱颖而出。

是什么影响我们的自我控制能力？自主学习到底有多难？

1998年，心理学家罗伊·鲍迈斯特和戴安娜·泰斯夫妇设计了一个有趣的实验，俗称“萝卜—饼干实验”。在实验中，心理学家在一个盘子里放上刚刚烤好的巧克力曲奇饼干，在一个碗里放着小红萝卜和小白萝卜。志愿者被分成两组，其中一组学生可以吃香喷喷的巧克力曲奇饼干，另一组学生只能吃萝卜。吃萝卜的那组学生狠狠地盯着饼干，有的还拿起饼干使劲地嗅着香气——这可真是一个残酷的实验。

接下来，志愿者被要求去做一个难题，这个难题故意设计成是无解的。你认为哪一组学生能坚持更久呢？

实验发现，吃了巧克力饼干的学生在平均19分钟之后放弃解题，和什么也没有吃的对照组差不多，而只能吃小萝卜的学生平均只坚持了8分钟就放弃了尝试解题。心理学家把这个现象叫作“自我损耗”，意思是说有限的意志力被过度使用就会下降，被馋人的饼干包围着，却只能吃小萝卜，学生们很难抵抗诱惑去集中精力做难题。

总结起来就是，从事需要自我控制的任务会导致意志力资源的枯竭，并降低后续自我控制任务的绩效。

心理学家罗伊·鲍迈斯特和记者约翰·蒂尔尼一起合著了《意志力：关于自控、专注和效率的心理学》，给出了如何避免意志力自我损耗的一些建议：设置合理的目标，根据你的进度时常奖励自己，意志动摇的时候要给自己正向的鼓励。当你在筋疲力尽、没有意志力的时候，最简单的做法就是吃点喜欢的东西、睡个觉，很快就能满血复活，元气满满。

鲍迈斯特认为意志力也像肌肉一样可以通过练习获得，即有规律的练习能增加意志力。锻炼意志力不是干坐着，认为自己可以坚持就行，而是有一定的方法。比如：

1. 建立秩序感。每天起来先做家务，叠好被子，收拾好书桌，干净整洁的环境对提升意志力至关重要。每天吃健康的食物，保持充足的睡眠，适当运动，有规律地生活，会更容易恢复意志力，提高自我控制能力。

2. 远离诱惑物。比如，手机放到看不见的地方，上网课的时候直接进入学习页面，或者是娱乐的 App 程序不要放在开机页面上，书桌上不要摆放食物。

3. 细化任务，量化监控。把每天的学习任务分解成一个一个的小目标，比如背几个单词，写多少字的日记，不要用“适量”这样模糊的词语。

4. 一次只做一件事，不时切换工作任务。从你最喜欢的学习任务开始，每次达成目标之后给一些自我奖励，让大脑愉悦。坚持不下去的时候，切换工作任务。比如做不出数学题的话，不妨先去跑步。

5. 休息的时候看一些幽默或者搞笑的短片。有幽默感的人更容易从挫折中振奋起来，迅速调整自己的节奏。

如果你觉得你的意志力很有限，每天起床都费劲，也不必过于自责，因为新的实验研究成果表明“自我损耗”似乎并不存在。从 2014 年到 2015 年，全球有 30 多家实验室参与复制“萝卜—饼干实验”，2016 年有研究论文指出这项实验没能重现“自我损耗效应”。虽然这个结果在心理学界掀起了轩然大波，但并不能说明意志力的自我损耗完全是子虚乌有。

学习是一个复杂的过程，不是一个简单的因素就能解释一切。鲍迈斯特提出的锻炼意志力的方法的确能提高效率。同时，还有一种理论对意志力理论作出修正，叫“自我决定理论”。

当你能够自主选择学习任务，并且挑战的难度适中的时候，你并不需要任何的意志力来保持专注，大脑自然而然地会全神贯注。反过来说，如果你觉得这件事情需要克服重重困难，才能集中注意力，很可能这件事情并不是你内心想做的。

因此，培养自主学习能力不妨从每天早晨的沉思开始，花5分钟想一想：

1. 一年前的我是什么样子的？
2. 和一年前相比，我有什么进步？
3. 我希望一年后的我是什么样子的？
4. 如果我想成为一年后的我，我今天需要做什么？

把每天具体的学习任务放进宏大的远景规划中去，这样你的行为都不是无意义的应付。比如，今天的学习任务是完成一个读书笔记，这不是为了应付老师，也不是为了糊弄了事，而是因为你可以从中学到新的知识，增长智慧。解决了动机问题，再细化具体步骤，可以先记录下今天你觉得书里最有意思的一句话。交作业也不是完成迫不得已的任务，而是要理解成和老师、同学分享你的学习成果，分享你的成长，每一本书、每一个笔记都是造就未来的你的一部分。

在孩子学习自控力的同时，家长应该做什么？有时候家长的强势控制力可能会使孩子有逆反心理，要和家长对着干。我想用自己采访过的梁思成的学生张克群的教育故事作为例子，给家长们提个醒。张家三代人都毕业于名校，各有精彩，其中的教育秘诀是什么？张克群一言以蔽之：别管那么多！

张克群全家都是“别人家的孩子”。父亲张维，曾任清华大学副校长，中国科学院和中国工程院两院院士；母亲陆士嘉，流体力学家、教育家，北京航空学院（现为北京航空航天大学）创校教授之一。张克群自己是建筑学大师梁思成先生的真传弟子，国家一级注册建筑师，退休后依然从事古建筑的研究。儿子高晓松是著名音乐人，女儿也是清华博士。这一家是典型的人本主义教育理念的实践者。

张克群儿时并不觉得父母是名人，印象中父亲就是爱说各种笑话，并不怎么管学习。她初中贪玩影响了考试成绩，连高中都没有考上，结果父亲并没有一句重话，反而安慰她：“你上学比较早，休息一年再考。”父亲的轻言细语保护了少女张克群的自尊心，也激发了她内在的学习动力，觉得不好好学习就是辜负父亲的理解和信任。经过一年的努力，她考上了重点高中。在填高考志愿的时候，父亲原本希望她学外语，可梁思成看到她喜欢画画，劝她学建筑。最终父母尊重了张克群的选择，于是她踏上了学习建筑的道路。她学习的激情到退休也没有停止，跑遍了北京城里和远近郊区的大小村庄寻访古建筑，被送绰号“破庙迷”。

从张克群的学习成长经历可以看到，驱使一个人终身学习的动力来自内在的激情。张克群的父母把她当作独立的个体，尊重她自己的选择，成就了一个优秀的人。张克群在当母亲的时候，也很注意保护孩子的自尊心和好奇心，绝不当街批评他们，什么问题都认真回答。这样孩子的学习天性没有被压抑，自己能够上进好学。

所有为孩子学习过度焦虑的父母在心理上没有和孩子适度分离，把自己和孩子捆绑得太紧，把孩子的学习进步看成自己的荣耀，把孩子的学习挫折看成自己的挫折，把孩子的学习自主要求当作对父母权威的反抗。

人生来就对世界充满好奇心，作为家长，我们需要多种渠道全面了解孩子，并信任孩子的学习倾向，理解并鼓励孩子的自主学习能力，提供适当的条件，以促进孩子自发的意义学习。释放孩子所具有的学习、发现、丰富知识与经验的潜能和愿望，而不是以强制手段，否定、扭曲、抹杀其本性。

如何激发孩子的内在动机

2020 年 1 月，著名球星科比 · 布莱恩特因其乘坐的直升机失事而去世，年仅 41 岁。科比是篮球运动史上最杰出的运动员之一，在他二十年的职业生涯中，夺得过 5 次 NBA 总冠军、两次总决赛 MVP（最有价值球员），11 次入选 NBA 最佳阵容，18 次入选全明星阵容，并随美国队拿下两届奥运会金牌。他那句“你见过凌晨 4 点的洛杉矶吗”曾激励无数青少年为梦想奋斗。

很多篮球特长生学习成绩不是很好，但科比的学科成绩也很棒，棒到可以上哈佛大学和耶鲁大学。为什么科比可以做出这样优异的成绩？他身上有很多可分析和借鉴的学习经验，我在这里分析一点：强烈动机。这也是被心理学验证的适合无数人的成功要素之一。

心理学上的“动机”是对人的行为的激发、维持和指引，也就是说让人的行为朝向某一目标进行的内部动力。动机有很多种，从科比的表现来看，他是一个具有很高的“成就动机”的人，即希望从事对自己有重要意义的、有一定困难的、具有挑战性的活动，在活动中能取得优异的成绩，并能超过他人。有很高的成就动机的人对个体的活动有很重要的作用。研究发现，在两个人的智商大体相同的情况下，成就动机高的人比成就动机低的人的成功的可能性更高，学习成绩可能更好。

按照学习动机的内外维度可以分成内部动机和外部动机，也就是“我要学”和“要我学”的区别。科比是一个典型的内在动机驱动的人，他对学习有强烈的意愿和兴趣，推动着他不断地自我提高。科比早早发现了自己内心的热爱，在强烈的内在成就动机的驱使下，他长年累月致力自己所热爱的事业，然后走向卓越。“你见过凌晨 4 点的洛杉矶吗”这句话不是炫耀，而是真实的汗水。当别人还在睡梦中的时候，他就已经在球场上锻炼两三个小时了，打完比赛别人休息了，他还要独自在球场上练习投篮两个小时。很多人都说他一年的运动量相当于别人四年的运动量。

在科比因为身体原因退出职业篮球队之后，他并没有停止学习。发自内心的学习动机和专注精神让科比退役之后依然不停地“赢球”：创办了自己的公司，成立了一只规模 1 亿美元的风投基金，主要投资领域包括科技公司、媒体和数据公司。

只有发自内心的热爱才会驱使学习者不断前进。如何培养孩子的内在动机呢？自我决定理论认为，包括孩子在内的所有人都有三个基本的心理需求：归属感、自主感和胜任感，如果这些需求能够得到满足，内在动机就能得到极大的提高。

归属感就是让孩子感到爱、尊重和接纳，要尊重孩子们感兴趣的事情，而不是强迫他们去学自己并不喜欢的事。自主感是让孩子觉得他的行为是可以自己决定的，如果家长总是用监工、控制，和别人家孩子比较的方式，就会损害孩子的自主感。再就是让孩子觉得自己能够胜任学习任务，不只是关注考试成绩而是关注能力的提升。比如，把学习任务分成一个一个的小目标，让他能“跳起来够得着”，体会到学习的“痛并快乐着”。

培养孩子的内在动机还有很重要的一点是：不要“说”，要“问”。斯坦福大学教育研究所教授威廉·戴蒙专门研究青少年发展和品格教育，他认为大人常喜欢对孩子说教，告诉他们该做什么不该做什么，但收效甚微。很多人找到自己的目标并不是大人告诉他们的，但是大人可以做一件很关键的事情，就是问“对”的问题。比如以下三个问题可以帮助孩子发展目的感：

1. 我对什么有兴趣，我做什么最享受，什么会让我发光？

2. 我最擅长什么？我的才能在哪里？

3. 这世界需要什么？世界有哪些问题或机会可以让我帮助别人？

有的人的内在动机不像科比一下子就找到了，很多人需要不断地去尝试，而父母和老师要做的就是跟孩子展开对话，刺激他们去思考，如果孩子有兴趣的萌芽，就提供足够的资源去帮助他们继续发展。

如何提高孩子的学习动机？可以从四个方面来自我激发：知识价值观、学习兴趣、学习能力、成就归因。如果你相信自己学的东西是有用的，能够积极参与学习、获得愉悦的情绪体验，对自己的学习能力有信心，而且认为学习成绩主要来自个人的努力，那么就更能促使自己积极投入学习。

婴儿就有学习的好奇心和取得成就的愿望，他们学会了站立、行走、拉开一个抽屉、搭好一块积木，这些都能体会到成功的喜悦。但是，有的孩子要比别的孩子学习更刻苦、更努力，不成功不罢休，这是为什么呢？因为孩子们的动力不同。

提高依恋关系的亲密程度有助于提高孩子的内在学习动机。安全型依恋关系的青少年即使智力水平并不比其他人高，但是面对新的学习挑战时，他们更渴望运用自己的学习能力解决问题。因为父母能够为他们提供安全的港湾，为他们的生活负责任，这样当孩子在冒险、挑战不同的学习目标的时候，他们不会感到痛苦和焦虑不安。

丰富的家庭环境刺激有助于提高孩子的内在学习动机。心理学家发现，来自刺激丰富的家庭的儿童在学校的表现相当不错，而在刺激匮乏的家庭中，大多数儿童表现得不尽如人意。所谓丰富的刺激，指的是儿童生活的环境里有没有促进他智力发展的刺激物，比如有没有更多的阅读物，有没有更多的新鲜事物，有没有充分、民主地跟孩子交流？如果父母能够给孩子提供丰富的环境刺激，提供和孩子年龄相适宜的挑战，并且鼓励他们努力成功，更有利于培养他们发展和解决问题的兴趣。

当然，父母在养育孩子时，具体的教养方法没那么重要，重要的是：你是一个什么样的人以及你与孩子的关系怎么样。从生物学的角度来看，独一无二的漫长而又无助的童年，以及随之而来的父母对孩子的巨大投资，是孩子成长的关键。为人父母，本质是爱。爱孩子并不是给他们一个目的地，而是为他们的旅程提供给养，这是孩子成长的最重要的内在动机。

智能电子时代有必要学书法吗

我有一个大学同学，她常常在出门的时候，给孩子留一些便条，而且这些便条是用毛笔写的。客人看见难免奇怪：“你为什么不发短信？现在都有手机，谁还用手写字啊。要写也可以用铅笔或者钢笔。”她对此一笑了之。

我能理解她的做法。对她来说，这不是留一张便条，而是一种艺术。在当下的智能时代，手机的使用确实提高了生活的便利性和效率，而无纸化办公甚至都不需要用纸和笔了。然而，我们提笔忘字的现象也越来越多。我们从古至今流传的书法艺术未来会失传吗？好在大家已经有这个危机意识，书法艺术应该从娃娃抓起。

目前，书法已经进入中小学课程和中考项目。2022 年，国家将“美术与书法”正式列为一级学科、可设博士学位。国家在鼓励更多人重视书法学习。作为家长，如何引导孩子学习书法？

书法是文字符号的书写法则，世界各国都有自己的书写艺术，但中国的汉字有融音、形、义为一体的特性，并有空间可以上下左右延展，因此中国书法同时具有视觉、意象和音乐的美感，故而别具魅力，被誉为“无言的诗、无图的画、无声的乐、无形的舞”。

书法又与艺术哲学相通，同时涉及文字学、考古学、文化比较学等学科，是中华文化和人类文明的重要组成部分，所以中国书法于 2009 年被列入人类非物质文化遗产。这是属于全人类的文化遗产。我们生于这片土地，受到书法艺术的滋养，应当学习并传承这项传统文化艺术。

中小学生学习书法，可分为书写、识别、鉴赏三大部分内容。通过运笔来结构汉字并进一步布局谋篇，识别行书、草书、隶书、篆书、楷书五种字体各自的特点，通过字体线条的流畅性和整体性来欣赏汉字之美。所以，练字只是基本功，让孩子学习书法，不是机械临摹，而是要以高瞻远瞩的眼光来对待书法的学习。书法艺术中包含着人文思维、民族情感、美学修养。青少年学习书法，也与我们对学生进行全面发展的培养这个教育目标是相一致的。

近年来，为了鼓励书法学习，各地中考、高考中有不少与书法常识相关的试题。2021 年全国新高考Ⅱ卷作文以楷书“人”字为素材，让学生写作文。贵阳市 2022 年初中语文学业水平考试中，作文汉字书写水平单独计 5 分，对书写水平过硬的考生来说，可以轻松将这 5 分收入囊中。

很多城市即使没有这样明确的书写加分的要求，但卷面整洁、书写工整，其实都是有助于作文提分的。不过，写一手好字不是一朝一夕的功夫，也不可以突击取巧，需要日积月累、滴水穿石的功夫。“合抱之木，生于毫末；九层之台，起于累土；千里之行，始于足下。”练习书法的过程就体现了这样一种精神：从基础做起，持之以恒，逐步积累，才能有所成就。现在很多家长头疼孩子“坐不住”，练习书法也是培养专注力的一个好办法。

学习书法如何取得事半功倍的效果呢？我很敬重的民俗学家、书法家何大齐先生教了五十多年书法，他认为应该注意以下几个问题：“首先要走正路，在有经验的教师指导下扎扎实实地练好书法的基本功，尤其要重视临摹古代优秀碑帖，不要受当下鱼龙混杂、良莠不分的书风影响，以免误入歧途、走火入魔；其次在勤学苦练基本功的同时，要注意提高自己的多方面素养——文化修养、道德情操、生活阅历……这些都会潜移默化地投射到一笔一画、一行一字中去；此外还要善于观察体悟身边景物，敏而多思，像怀素从‘夏云多奇峰’中悟出笔法奥妙的这类故事都是艺术源于生活的生动写照；最后要学以致用，把临摹碑帖与创作书法作品结合起来，把书法艺术和日常的书写结合起来，平日写信、填写表格、抄写笔记等都应认真对待，长此以往，必能有所回响。”

中国的书法不是单纯的技术炫耀，而是有深厚的历史底蕴。今天，父母要鼓励孩子在学习的过程中感受留在书法里的温度。生活中难免有坎坷的时候，如果能把个体的生命放到一个漫长的历史岁月里，“仰观宇宙之大”，那就会少一些计较，多一些辽阔。

中国书法是以笔墨纸砚为工具，融入人们对生活、自然的思考，表现出中国人特有的思维方式、人格、性情。古代书法家的书法往往是和其思想融为一体的。以“天下三大行书”为例，王羲之的《兰亭集序》、颜真卿的《祭侄文稿》、苏轼的《黄州寒食帖》本身都是优秀的作品，但是书写形式和内容的完美结合让他们进入了全新的境界。

《兰亭集序》被誉为“文而不华，质而不野，不激不厉，温文尔雅”。公元 353 年，王羲之与友人在会稽山阴的兰亭雅集，饮酒赋诗。王羲之将大家的诗集起来，还挥毫为诗赋集作序一篇，就是《兰亭集序》。王羲之的书法与其书写的内容珠联璧合，文思喷发，乘兴书之，如行云流水，为中华文化留下了旷世杰作。可惜《兰亭集序》的真迹失传，后人看到的都是临摹的不同版本，即便如此，还是能感受到王羲之的书法之美。

《祭侄文稿》的背后也有一段沉重的历史。公元 755 年，“安史之乱”爆发。平原太守颜真卿联络其兄常山太守颜杲卿起兵讨伐叛军。第二年，叛军史思明部攻陷常山，颜杲卿及其侄子季明被捕，并先后遇害，颜氏一门被害 30 余人。颜真卿派人找到季明的遗骨后，极度悲愤，写下《祭侄文稿》。他毫并不在意字距、行距，时疏时密，字随情绪起伏，自然流露。颜真卿书写的时候思如泉涌，手不能追，非快速行笔不足以表达其激愤之情，一次蘸墨，疾书数行，且无暇注意墨色的变化，虽笔中无墨仍然继续书写。这些干枯的笔墨所蕴含的情感力度，千年后依然震撼着观赏者的心灵。

苏轼的《黄州寒食帖》是他因文字狱被贬黄州第三年的寒食节而作的诗，“卧闻海棠花，泥污燕支雪”“春江欲入户，雨势来不已”。单纯看诗词成就，这两句首诗并非苏轼最好的作品，但是当作者用书法表达的时候，那起伏跌宕、气势奔放、酣畅丰厚的书法意象营造出悲凉的意境，让《黄州寒食帖》成为千古名作。

欣赏这些辉耀千古的书法，不能只模仿技术，更要体会其背后的真挚情感，理解艺术家的魄力和胸怀。当孩子们能理解这些的时候，看待书法的感觉就不只是“写作业”了。

后　记

在我的书稿《你看到的不是我看到的：亲子阅读中的秘密》《孩子的问题是问题吗：智慧父母必知的心理成长秘密》出版之后，我应邀在全国各地作讲座，和家长交流。家长提出了很多现实问题，其中大部分都是关于孩子的学习问题，他们尤其苦恼如何培养孩子的自主学习能力。于是，我开始系统地研究这个课题，运用心理学研究成果帮助学习者提高学习力。

我当了五年的中学教师，后来成为一名记者，专注于教育、科学领域的报道，也一直没有停止过学习。在实践中，我深深感到一切的教育方法都是为人服务的，教育的过程就是发现自己、成就自己的过程。

我小时候是一个落后生，小学一二年级经常被老师点名留堂。转折点是我在三年级的时候遇到了范才元老师。有一天，范老师叫我回答问题。我很紧张，但是顺利地回答出来了，他让我坐下，然后大声说："答得好！"全班同学一起鼓掌欢呼。我第一次得到这样的待遇，当时感觉满脸发烫，兴奋得好像全身失去了重量，要不是有个天花板，我一定会飘出去。自那之后，范老师的课我特别愿意上，他布置背一篇课文，我把整本书都背下来；他布置写周记，我就每天写日记；他布置我们读一本课外书，我会读十本。我从一个被挖苦、被冷落的丑小鸭一下子被看到、被认可，这种感觉太幸福了。后来，我已经完全不在意老师是不是表扬我、给我多少分，而是享受学习的过程。后来我才知道，这就是心理学上讲的内在动力的激发。

我当了老师之后，也像很多激励过我的老师那样，怀着愉悦的心情陪伴我的学生。20 年之后，我的学生，有的成为我的记者同事，有的成为心理学博士，有的成为教师……每一个人，无论他们在哪一个领域工作，我都认为是优秀的。他们在跟我聚会的时候讲："李老师，我们完全忘记当年你教过我们什么，但是我们永远记得你带我们玩了什么，永远记得你带给我们的快乐的感受。"

我自己做了母亲后，也同样希望我的孩子享受学习。我的孩子并不是一个天赋异禀的孩子，在每一个学习阶段，他都遇到了不同的困难。在刚入学的时候他总是写反字，我认识到他并不是故意捣乱或者粗心，而是他的大脑中的空间感没有很好地建立起来，所以我们就用捏橡皮泥、在沙盘上用手指头比画的方法来代替写字。他背课文吃力，我就教他画思维导图。他背英语单词总是丢字母，我用了至少十种方法，比如学习颜色单词的时候，我们把字母用对应的颜色画下来，而学习动作单词的时候，我们用肢体语言来模仿每一个字母。当他晚上哭着赶作业的时候，我会给他写假条，请求老师给他更宽裕的时间……

如今，我的孩子也从初中升入了高中，他逐渐建立起自己的学习习惯、方式和风格，虽然偶尔还会向我寻求帮助，却不再像孩童时那么依恋我，他更积极地要求保持自主的空间和时间。亲子的爱是分离的爱——这是我倡导的，也是我一直鼓励的。但是，当这一天真的到来了，孩子对我说："妈妈，我自己就行。谢谢您的关心。"我感到欣慰的同时，也难免有一点小小的失落——有分离焦虑的未必是孩子，成年人有时候需要用孩子的依赖来证明自己的价值。随着父母和孩子各自迈向不同的发展阶段，我们都要面对人生新的课题。

有一天，我和孩子站在阳台上赏月，明月洒下清辉，那意境是古人曾经感叹过的——"人生代代无穷已，江月年年望相似。不知江月待何人，但见长江送流水。"孩子问我："月球、地球不过是星河中一粒小小的尘埃，而我们每个人更是小得不能再小的尘埃，那么我们存在的意义是什么？"

我说："你这个问题，千万年来无数的哲人思考过。我像你这么大的时候也想过，现在还在想。我们确实只是一粒尘埃，但是组成我们这粒尘埃的元素是来自宇宙创生的大爆炸。每一粒尘埃都会有它的价值，这个价值是什么？我无法简单地回答，但这就是为什么需要学习的一个重要原因。我希望，我们可以通过学习认识到此生为何而来。每一个人是微不足道的，但是千千万万粒沙子可以改变地球的面貌。一代又一代渺小的人作出的努力，必然会将人类整体推向一个更美好的未来。作为一个母亲，作为一个研究者，我想要竭尽全力去分享我学到的东西，用我的文字激发每一个孩子心中对学习的渴望。我希望不辜负每一个爱过我的人，不虚度这个短暂的人生。我想你也是如此。”

我一边写作，一边作讲座，跟越来越多的家长进行交流。我一次又一次地实践学习理论，也一次又一次地了解到更多的学习故事。我在长年累月跟家长们的交流中，深深感到非常需要有一本可以让家长和孩子共读的学习书，去培养孩子最根本的学习能力，于是有了这本书。

我们跟父母成长的时代不同，而我们的孩子更是成长在一个前所未有的时代。时代洪流滚滚向前，教育的观念不能不变，但有一些本质的东西是不变的 我们每个人都要探寻如何在这个时代里写好自己的故事。所有的学习，无非是发现一个人、塑造一个人、成就一个人，并找到这个人跟这个时代最好的连接方式。

加油吧，阅读这本书的朋友。无论多不容易，一定不要放弃。我们永远可以在最难的时候想出办法，总可以在现有的条件下作出最大的努力。

祝福你，不畏浮云遮望眼，体会到学习的幸福。

你能自主学习，你就不是一粒尘埃。

图书在版编目（CIP）数据

解码自主学习力：智能时代让孩子受益终身的能力 / 李峥嵘著 .
—北京：中国工人出版社，2023.5
ISBN 978-7-5008-7872-8

Ⅰ . ①解… Ⅱ . ①李… Ⅲ . ①学习方法 Ⅳ . ① G791

中国国家版本馆 CIP 数据核字（2023）第 064279 号

解码自主学习力：智能时代让孩子受益终身的能力

出 版 人 董 宽
责任编辑 孟 阳
责任校对 张 彦
责任印制 栾征宇
出版发行 中国工人出版社
地　　址 北京市东城区鼓楼外大街45号 邮编：100120
网　　址 http://www.wp-china.com
电　　话 （010）62005043（总编室）
（010）62005039（印制管理中心）
（010）82027810（职工教育分社）
发行热线 （010）82029051 62383056
经　　销 各地书店
印　　刷 三河市东方印刷有限公司
开　　本 880毫米 × 1230毫米 1/32
印　　张 6.875
字　　数 120千字
版　　次 2023年5月第1版 2024年1月第2次印刷
定　　价 45.00元

本书如有破损、缺页、装订错误，请与本社印制管理中心联系更换